Klaus Feldkircher

Geschichte eines
Gehirnschlag-Patienten

BUCHER

Bibliografische Information der Deutschen Nationalbibliothek:
Die Deutsche Nationalbibliothek verzeichnet diese Publikation in der
Deutschen Nationalbibliografie; detaillierte bibliografische Daten sind
im Internet über http://dnb.d-nb.de abrufbar.

1. Auflage
© 2014 BUCHER Verlag
Hohenems – Wien – Vaduz
www.bucherverlag.com

Herausgeber: „Net lugg lo" – Selbsthilfegruppe im Montafon
Gesamtkonzeption: Klaus Feldkircher, Nicole Schedler, althaus7, Lochau
Text: Klaus Feldkircher, althaus 7, Lochau
Titelbild: Foto: Patrick Säly, Illustration: Gerhard Mangold
Illustrationen: Gerhard Mangold
Gestaltung und Grafik: Manuel Berninger, Somnium Est., Schaan
Druck: BUCHER Druck & Verlag, Hohenems

Printed in Austria

ISBN 978-3-99018-258-1

Ich bat um Kraft ...
und mir wurden Schwierigkeiten gegeben, um mich
stark zu machen.

Ich bat um Weisheit ...
und mir wurden Probleme gegeben, um sie zu lösen
und dadurch Weisheit zu erlangen.
Ich bat um Wohlstand ...

und mir wurden ein Gehirn und Muskelkraft
gegeben, um zu arbeiten.

Ich bat um Mut ...
und mir wurden Hindernisse gegeben,
um sie zu überwinden.

Ich bat um Entscheidungen ...
und mir wurden Gelegenheiten gegeben.
Ich bekam nichts, was ich wollte ...

Aber ich bekam alles, was ich brauchte.

(Verfasser unbekannt)

Inhaltsverzeichnis

PROLOG

Ringsherum ein Ziehen und Zerren, begleitet von einem ständigen Zischen. Hinter dem Vorhang. Unter mir. Neben mir. Über mir. Wo ist unten, wo oben? Ich bin im Käfig. Im Käfig aus Glas. Keine Menschen um mich. Ich bin allein. Drehe mich. Wende mich. Schwarze Männlein nähern sich. Striche, Zeichnungen. Harmlos? Sie bewegen sich. Sie springen, hüpfen, tanzen. Ein fröhliches Miteinander? Ein Reigen der Verdammnis! Gerade. Keine Wölbung, kein Geschlecht. Schemenhaft. Undifferenziert. Eine Masse von schwarzen Strichen. Sie drehen sich in scheinbarer Unordnung. Formieren sich neu. Setzen sich zusammen. Ein ums andere Mal. Zerfallen wieder. Ein ständiges Wuseln und Zischen. Es dröhnt in meinem Kopf. Das Sausen und Brausen nimmt ab, nimmt zu. Wie Wellen, die sich am Strand brechen. Der Lärm ist allgegenwärtig. Hört nicht auf, beherrscht mein Bewusstsein. Ohne Anfang. Ohne Ende.

Die Strichmännlein dominieren die Szene. Sie sind allgegenwärtig. Überall. Sie sind oben, unten, rechts, links. Sie haben nicht Kopf noch Bauch. Sie sind Linien. Nur Linien. Wie früher. Als Kind. Die Sonne rechts oben auf dem Blatt. Gelb. Mit einem Lachen, das auf das Meer von Linien herunterblickt. Ein Haus mit einem Giebeldach. Davor die Familie. Vater, Mutter, Kinder. Aus Strichen. Die einen größer, die anderen kleiner. Auf einem grünen Teppich. Der Himmel blau. Nicht bedrohlich.

Bis heute. Keine Farbe. Nur Grau. Und Weiß. Und Schwarz. Das Wimmeln wird immer wilder, der Tanz ekstatischer. Es werden immer mehr. Sie kommen aus allen Löchern. Ecken. Enden. Ameisengleich. Sie überschwemmen den Käfig. Meinen Käfig. Ich bin eingeschlossen. Kann mich kaum bewegen. Sie zerren mich. Sie kommen näher. Hinterlistig. Wollen mich zwicken. Fassen. Zerren. An den Händen. An den Füßen. Sie zupfen an meinem Käfig. An meinem Bett. Meiner Decke. Sie sind vorsichtig. Warten. Warten auf meine Unachtsamkeit. Kommen näher. Weichen zurück, wenn ich mich wende. Wenn ich mich wehre. Wie Raubtiere. Sie belauern mich. Beobachten mich. Beschnuppern mich. Studieren mich. Keinen Schritt weiter. Ihr kriegt mich nicht.

Gabi sagt: „Es ist was passiert mit Kurt, was Ernstes ..." Kein Blickkontakt, keine langen Erklärungen waren notwendig ... ein Gefühl wie eine Schwingung ließ mich wissen, wir sollten uns beeilen. Die Gedanken in meinem Kopf überschlugen sich ... Gabi: „Er klang wie betrunken, aber er trinkt nicht ..."

Verwaschene Sprache. „Das Herz ist es nicht", vermute ich, „aber der Blutdruck. Schlaganfall? Blutung? Risikofaktoren?" Ich habe den Notarzt gleich alarmiert. In meinem Kopf zündelt es weiter. Zum Glück sind sie nach Tschagguns gezogen. Vielleicht eine Chance. Kurt ist 50, denke ich, oder doch noch nicht. Rauchen und Stress, schießt es mir durch den Kopf. Ich fahre wie in Trance, kann mich eigentlich gar nicht mehr daran erinnern, doch beim ersten Schritt in die Wohnung sehe ich Kurt am Boden liegen. Er ist ansprechbar, ein Glück, er konnte das Handy noch erreichen, um zu telefonieren. Es ist anders als sonst. Kurt ist der Mann meiner Assistentin, eines Menschen, der mir sehr wichtig ist, den ich überaus schätze im Job und als Mensch. Ich fühle mich mehr unter Druck als sonst, glaube, etwas tun zu müssen. Was wohl in Kurt vorgeht, er versteht uns. Wie mechanisch plappere ich einige „beruhigende" Worte, lege eine Leitung und weiß, ich kann nicht viel tun vor Ort.

Blutdruckkrise – Blutung oder Ischämie? Ich kann nur beruhigen und lagern, die Atmung scheint okay. Der Notarzt meldet sich telefonisch. Sie sind gleich da ...

Ich erinnere mich nicht mehr daran, wie ich die Wohnung verlassen habe, ob ich mit Gabi noch gesprochen habe. Ich weiß, dass sie sich Sorgen machte, da Kurt schon lange nach einem Job suchte, was trotz Bemühens und guter Qualifikation ohne Erfolg blieb. Sie meinte Kurt, sei stark, ließe sich nicht unterkriegen und sie hielten zusammen, sie hätten eine gute Ehe. Retrospektiv denke ich, genauer nachzufragen wäre wichtig gewesen – wieso hab ich das nicht? Habe ich durch Gabis liebe, optimistische Art die Lebenssituation unterschätzt?

Kurt kannte ich bis zu diesem Zeitpunkt kaum. Ich wusste auch wenig über seine gesundheitliche Verfassung. „Warum nicht früher", hab ich oft gedacht. Schon öfter wollte ich Gabi mit ihrem Mann einladen, aber der Alltag hat es mich gedanklich immer wieder aufschieben lassen. Ob wir über Gesundheitsfragen gesprochen hätten? Ich bin mir sicher, ja. Doch es ist, wie es ist. Und ich bin überrascht, erfreut, beeindruckt, wie und wo Kurt und Gabi heute stehen.

(Alexandra Steininger, prakt. Ärztin)

DAS UNAUSSPRECHLICHE AUSSPRECHEN

Bertram Strolz ist der Psychotherapeut von Kurt Gerszi. Er begann mit dem Patienten am 22. Juni 2011 zu arbeiten. Strolz arbeitet als Psychotherapeut und Supervisor in seiner eigenständigen Praxis.

Auf sein Anraten begann Kurt Gerszi mit der Niederschrift seiner Gedanken zu seinem Schlaganfall. Das vorliegende Buch ist als Ergebnis dieses Teils der Therapie entstanden. Im vorliegenden Gespräch beantwortet Bertram Strolz einige relevante Fragen zum Thema Schlaganfall im Allgemeinen und Kurt Gerszis Gehirnblutung im Speziellen.

Kurt Gerszis Gehirnblutung erfolgte am 29. September 2010. Bis dahin war er ein Mensch, der sehr stark im Arbeitsprozess verankert war, dessen Leben von einem ständigen Wettlauf geprägt war und der seine Agenden mit größtmöglichem Engagement betrieb. Sehen Sie einen Zusammenhang zwischen diesem Leben und seiner Gehirnblutung?

Bertram Strolz: Ich vermute, dass dieser kräfteraubende Lebenswandel sehr wohl zur Gehirnblutung beigetragen hat. Schlussendlich ist es natürlich oft eine Glückssache, ob man ein solches Schicksal erleidet oder nicht. In der Arbeit mit Kurt Gerszi wurde mir ein ums andere Mal bewusst, dass das jedem von uns passieren hätte können: Auch ich habe früher geraucht, auch ich bin in meinem Beruf stark gefordert und arbeite sehr viel. Kurt hat sich in seinem früheren Leben zunehmend Stress aufgebaut, der auch seine Mitmenschen gestresst hat. Dadurch entstand eine Atmosphäre, die Druck erzeugte. Kaffee, Zigaretten und Schlafmangel taten ein Übriges. Dazu kam das Thema Arbeitslosigkeit, das eine gewisse Zeit omnipräsent war, was zusätzlich belastend war. All diese Faktoren ergaben den Druck, der in Kurt Stillstand bewirkte und eine Blockade erzeugte. Und eine solche Situation kann in einem Menschen eine Implosion bewirken, wie es bei ihm geschehen ist.

Was hat die Gehirnblutung bei Kurt Gerszi ausgelöst?

Bertram Strolz: Die Blutung im Stammhirn ist mit einem Tsunami vergleichbar. Von diesem Teil des Gehirns werden die essenziellen Lebensfunktionen gelenkt, und es bildet die Schnittstelle zwischen dem übrigen Gehirn und dem Rückenmark. Die Gehirnblutung war wie ein Schlag in dieses Zentrum, vergleichbar mit einem Tsunami, der auf eine Insel trifft und dort alles zerstört: Häuser, Gebäude, Leben.
Und wenn das Wasser zurückgeht, muss in einem langen Prozess eruiert werden, was nach der Katastrophe noch übrig ist, was noch funktioniert und was wieder aufgebaut werden kann. Es war übrigens auch nötig, mit dem Patienten in diesen Bildern zu sprechen: Wir haben rückblickend eine Bestandsaufnahme gemacht,

als das Wasser zurückging: Wir haben uns gefragt: Was ist noch da? Was ist noch zu gebrauchen? Und auf diesem Fundament musste Kurt nach dem Schlag sein neues Leben aufbauen.

Wie gestaltete sich die Arbeit mit dem Patienten Kurt Gerszi?

Bertram Strolz: Wir hatten vereinbart, dass wir die Energie, die ihn in diese Gehirnblutung getrieben hat, umkehren. Das heißt, wir haben diese negative Energie absorbiert und sie für den Wiederaufbau nutzbar gemacht: Aus Verbohrtheit wurde Zähigkeit, aus Verbissenheit wurde Biss. Natürlich fiel er ab und an wieder in die alten Grundmuster zurück. Ein Beispiel dafür war die Organisation des vorliegenden Projektes: Natürlich hatten wir, die Beteiligten, Sorge, dass er sich übernehmen könnte. So war eine beträchtliche Summe Geldes aufzutreiben. An diese Arbeit machte er sich mit großem Enthusiasmus. Und siehe da: Innert kurzer Zeit kam einiges zusammen. Aber eben nicht alles. Kurt verbiss sich so sehr in die Aufgabe, dass er in der Folge starken Stimmungsschwankungen unterworfen war, die von großer Hoffnung bis zu übermäßiger Enttäuschung reichten. In dieser Situation waren meine Hilfe und mein Beistand wichtig. Meine Aufgabe war es, Kurt von der emotionalen Achterbahn wieder herunterzuholen.

Wichtig war es in der Folge, das Atmosphärische zu schaffen und für diese Atmosphäre Wörter, Bilder und Begriffe zu finden. Dann ist das Vergangene ausgesprochen und kann wieder integriert werden. Denn ein Schlaganfallpatient braucht oft eine neue Identität, manche werden aggressiv, Kurt hingegen wurde weicher.

neue Identität

Wie entstand der Kontakt mit Kurt Gerszi, wie verlief der Startschuss in die gemeinsame Arbeit?

Bertram Strolz: Die Zuweisung von Kurt erfolgte durch eine Physiotherapeutin der SMO. Er hatte Angst, das rechte Bein zu belasten. Kurt hatte eine Blockade im klassischen Sinn. Das war der Ausgangspunkt der Therapie. Für mich war die Arbeit insofern etwas Besonderes, als ich zum ersten Mal mit einem Schlaganfallpatienten zusammenarbeitete. Während unserer gemeinsamen Sitzungen durchzuckte es mich ein ums andere Mal, als ich erkannte, wie Kurt dieser Gehirnblutung entgegengetrieben worden war. Ich wurde während der Arbeit auf dieses Thema sensibilisiert und nahm bewusster wahr, dass es immer wieder Menschen meines Alters gab und gibt, die einen Schlag erlitten.

Die Zusammenarbeit startete nicht sofort, da zu dieser Zeit meine Kapazitäten erschöpft waren. Nach dem ersten telefonischen Kontakt mit Kurt war jedoch meine Neugierde geweckt. Allerdings stellte ich mir die Frage, ob es unter Umständen Therapeuten gibt, die diese Therapie besser bewerkstelligen könnten als ich, z.B. Ärzte mit einer psychotherapeutischen Ausbildung. Nach Rücksprache mit Fachkollegen entschied ich mich schlussendlich doch dafür, mit Kurt Gerszi zu arbeiten. Zu Beginn sahen wir uns wöchentlich, heute treffen wir uns noch alle drei Monate.

Kurt Gerszis Allgemeinzustand hat sich bis heute wesentlich verbessert. Was ist noch möglich?

Bertram Strolz: Grundsätzlich gibt es immer noch Luft nach oben. Es ist nicht abschätzbar, was sich noch alles zum Besseren wenden kann. In der rechten Hand beispielsweise verspürt er einmal mehr, einmal weniger Gefühl, was ein Zeichen dafür ist, dass sich etwas bewegt, dass etwas weitergeht.

Allgemein gesagt ist einiges an Entwicklung auch ab einem gewissen Alter nicht mehr möglich. Das ist ja auch ein normaler biologischer Vorgang in unserem Älterwerden. Doch das, was Kurt Gerszi bis heute geschafft hat, ist wie ein Wunder: Er kann wieder laufen. In diesem Zusammenhang muss man wissen, dass sich Kurt zu Beginn unserer Arbeit nur vom Sessel in den Rollstuhl und zurück hieven konnte. Heute kann er wieder Stiegen steigen. Auch hier haben wir mit Bildern gearbeitet: Das, was Kurt macht, ist

Hochleistungssport. Dieses Bild entspricht seinem Naturell, denn in seinem Leben ging und geht sehr viel über die Wettkampfschiene. In der Folge habe ich ihn immer wieder mit einem Schispringer verglichen, der auf der Schanze steht und seinem ersten Sprung entgegenfiebert: Auch der Schispringer verspürt Angst, Kribbeln, Aufregung in sich, bis er sich in den Abgrund stürzt. Ohne Netz und doppelten Boden. Und so gewann er wieder Vertrauen in seine rechte Seite, vor allem sein rechtes Bein. Für sein Ego war dieser Vergleich mit einem Spitzensportler gut und wichtig.

Ein weiteres Bild für seine Blockade war die Wand, durch die Kurt gehen wollte. Er suchte nach einer Tür, die ihm den Durchgang eröffnen sollte. In dieser Phase haben wir viele Dinge aus der Vergangenheit aufgearbeitet, die mit zu seinem Schlaganfall geführt haben: ein gewisses Maß an Destruktivität, Zynismus. Kurt war so weit, dass er die kleinen, wichtigen Dinge des Lebens nicht mehr gesehen hatte, auch im Zusammenleben mit seiner Frau Gabi. Demut und Dankbarkeit hatten im ersten Leben – aus welchen Gründen auch immer – kaum Platz. Zudem war alles in einen Wettkampf, der zusätzlichen Druck erzeugte, ausgeartet. Meine Aufgabe war es nun, die Sensibilität für die kleinen Dinge zu wecken.

In seiner Vita kann Kurt Gerszi auf einen sehr bewegten Verlauf seiner Karriere im Beruf zurückblicken. Was könnten mögliche Gründe für die häufigen Jobwechsel sein und stehen sie vielleicht in einem direkten Zusammenhang mit der Gehirnblutung?

Bertram Strolz: Diese Tatsache lässt sich vielleicht aus einer gewissen Rastlosigkeit erklären, die ihn Zeit seines Lebens begleitet hat. Außerdem war Kurt nicht ein Mensch, der sich immer unterordnen wollte, und so scheint es mir durchaus möglich, dass es hier immer wieder Konfliktpotenzial mit Vorgesetzten gegeben hat. Ein Knackpunkt in seiner Zeit als Verkäufer war vielleicht auch das Scheitern in der Selbstständigkeit, von der er sich nur schwer erholen konnte, zumal ein Anschluss an die frühere, erfolgreiche Laufbahn nicht mehr so einfach war. Dazu kommt eine längere Phase der Arbeitslosigkeit, die an ihm gezehrt hat. In dieser Zeit blieb die Energie stehen, brachte ihn nicht vorwärts und staute sich.

Kurt hatte auch kaum Zeit, sich den Fragen nach dem Sinn des Lebens zu stellen. Dafür bekam er die Rechnung präsentiert, die ihm diese Muße nun gibt. Das mag jetzt vielleicht etwas zynisch klingen, doch an dieser Stelle möchte ich Kurt selbst zitieren, der diese Chance erkannt hat: Mein Leben ist jetzt viel bewusster und erfüllter. Denn es gab während seiner Erkrankung auch Zeiten, als er an Suizid dachte und die Sinnlosigkeit seines Tuns erkannte. Diese Erkenntnis erlangte er in der Zwischenwelt, als er mit dem Tod rang. Doch er hat weitergekämpft, denn wenn er die Sinnlosigkeit akzeptiert hätte, wer weiß, was dann passiert wäre.

Diese Erkenntnisse haben wir in zahlreichen Sitzungen herausgearbeitet und daraus entstand auch die Idee, alles aufzuschreiben und dieses Projekt zu entwickeln – eine Art Therapie also. In dieser Phase lernte Kurt wieder zu schreiben, er legte sich Top-Equipment zu, begann zu tippen, was den Nutzen hatte, dass er seine Feinmotorik trainieren konnte. Heute schreibt Kurt E-Mails in der Länge von Kurzgeschichten. ;-) Wir sind zwischen unserer Treffen auch oft per E-Mail in Kontakt.

Welche wichtige Botschaft – oder Information – kann uns dieser Fall geben?

Bertram Strolz: Der Sinn. Im Leben sollte es immer um etwas Sinnstiftendes gehen. Dabei ist es nicht so wichtig, dass man das Ganze „piano" angeht, sondern vielmehr um das, was man tut. 40 Stunden Arbeit und mehr in der Woche können viel, aber auch wenig sein. Denn sinnstiftendes Arbeiten verschafft Befriedigung und positive Emotion, es muss einen Fluss haben. Die vorwärtstreibende Energie lässt die Stunden im Flug vergehen und baut Stress ab.

Vielleicht war es bei Kurt so, dass er unbewusst seinen Lebenssinn nicht mehr im Verkaufen sah. Sein Leben ist zweigeteilt: Seit dem Schlaganfall nehmen Gefühle wie Dankbarkeit und Demut einen großen Stellenwert ein. Vorher konnte er damit nicht wirklich umgehen, er musste es lernen. Im ersten Leben dominierten Arbeit, Geld und Business, in der neuen Welt hat er inhaltlich etwas zu sagen.

Welche Methode hat bei Kurt Gerszi zu einer solchen Erkenntnis geführt?

Es war das Schreiben, die Bilder, die ihm den Weg gezeigt haben. Denn nur schlüssige Bilder vermögen die Inhalte festzuhalten. Jede Information mit einer Emotion verknüpft bleibt im Gehirn verankert. Und so hat Kurts Innensicht eine Stimme bekommen und ist in einen Dialog mit seiner Außensicht getreten.

Man kann den Erfolg, dass er wieder auf seinem rechten Bein stehen kann, auch als Abschluss mit dem Alten deuten. Er hat durch die Aufarbeitung Mut gefasst, den Schritt zu wagen, seine Empfindungen neu zu ordnen. Und sind wir ehrlich: Dieses Schicksal könnte Herrn Müller oder Herrn Maier, dir und mir auch widerfahren. Jeder kann und soll sich an Kurts Schicksal orientieren, weil es eben jeden betreffen könnte.

Abschließend möchte ich einen ganz wichtigen Zweck dieses Projektes noch einmal herausstreichen: Das Unaussprechliche muss ausgesprochen werden, um zu einer Identität zu finden. Jeder Betroffene kann diesen beispielhaften Weg Kurt Gerszis nachlesen, den Weg eines Schlaganfalles nachvollziehen. Jeder kann sich im Anschluss die Frage stellen: „Was würde ich in dieser Situation tun?"

GEBURTSSTUNDE
EINES STARKEN

Ortswechsel. Krankenhaus Hollabrunn. Ein marker-schütternder Schrei erfüllt die Luft. Wir schreiben den 3. März 1960. Die Welt hat einen kleinen Erden-bürger mehr auf dem Rund ihres Planeten: Der kleine Kurt Exel, erstes Kind von Irmgard und Johann Exel, hat um 3.15 Uhr das Licht der Welt erblickt. Schon in seinen ersten Jahren ist er kein Kind von Traurigkeit, steckt seine Nase in diesen Stall, wackelt auf unsiche-ren Kinderbeinen in jenen Unterschlupf und unter-sucht mit kindlicher Akribie die ihn umgebende Flora und Fauna. Er macht nicht Halt vor Regenwürmern noch Käfern, untersucht den dottergelben Löwen-zahn auf der Wiese, die pinkfarbene Kuckucksblume, das blasslila Wiesenschaumkraut und krabbelt durch das frisch geschnittene Gras der Sommerwiese.

Kurt tat alles, was ein Kind, das auf dem Land ge-boren wurde, in diesem Alter eben tut. Und er tat es gern. So gern, dass er seiner geliebten Großmutter Cäcilia, die ihn in den ersten vier Jahren seines noch jungen Lebens großzog, ein ums andere Mal den Atem raubte. Wie Großmütter eben sind, großzü-gig, aber ein bisschen ängstlich, fürsorglich, aber ein bisschen bemutternd, nachsichtig, aber ein bisschen umständlich. So lernte der kleine Kurt schnell die Mechanismen, wie er zu dem kam, was er sich gerade sehnlich wünschte. Kurt Exel verlebte seine ersten Jahre in der Unbeschwertheit der ländlichen Umgebung bei seiner Großmutter, da seine Eltern für das tägliche

Auskommen zu sorgen hatten – beide waren berufstätig. Vater Johann ging seinem Beruf als Vermessungstechniker als Beamter nach, die Mutter kümmerte sich bei einem Steuerberater um die Buchhaltung.

Der Kindergarten hatte für Kurt keine einschneidenden Erlebnisse übrig, und so überspringt er diese Zeit ohne tiefe Eindrücke, aber eben auch ohne große Erinnerungen. Dafür kann er sich heute noch lebhaft an seine Schulzeit erinnern. Und das aus unterschiedlichen Gründen: Als er im Herbst 1966 in Retz eingeschult wurde, mutet der Unterricht für heutige Verhältnisse – in Zeiten von Bildungsdiskussionen und PISA-Studien – merkwürdig an, denn Kurt besuchte die Schule – man höre und staune – erst ab Mittag.

Auch die Erziehungsmethoden waren – euphemistisch verbrämt und wie in diesen Jahren üblich – archaischer Natur. Die Lehrer, alle im Alter zwischen 50 und 55, waren noch in alten Denkschemata verhaftet und schreckten vor autoritären Maßnahmen nicht zurück. Dabei war es keine Seltenheit, erzählt Kurt Gerszi heute, dass bei einer Störung des Unterrichts schon einmal ein Lineal am Körper eines Eleven zerbarst. Bei falschen Antworten bekam auch der junge Kurt ein ums andere Mal die Ohren langgezogen, dass ihm abends der Kopf noch schmerzte. Solche Erziehungsmethoden fördern – wie uns der gesunde Menschenverstand lehrt – nicht den Respekt vor einer Lehrperson, sondern vielmehr die Angst vor derselben. Und dass sich solche Maß-nahmen in vielen Fällen in eine tiefe Furcht verkehr-ten, war offensichtlich. Noch heute denkt Kurt mit Schaudern – wie wohl viele seiner Zeitgenossen – an diese Zeit zurück.

Nicht viel besser erging es Kurts kleinem Bruder Christian, mittlerweile zur Familie gestoßen. Der am 17. Jänner 1964 Geborene hatte das zur damaligen Zeit sprichwörtliche Pech, als Linkshänder zur Welt zu kommen. Auch er war – hierin stand er seinem großen Bruder Kurt um nichts nach – ein aufge-weckter Junge, der mit wachen Augen durch die Welt ging – bis ein „Pädagoge" auf die fatale Idee kam, den Linkshänder „umzulernen", die rechte Hand zur „gu-ten" zu machen, wie es zu dieser Zeit an der Tages-ordnung war. Unterstützende „Maßnahme" für das Umlernen war – wie damals in der Schule üblich – der Rohrstock. Das logische Ergebnis: Christian tat sich schwer. In allem. Seine Handschrift wurde kra-kelig, teilweise schwer lesbar, seine handwerklichen Fähigkeiten glitten ab ins Tollpatschige, er verlor jeg-liches Selbstvertrauen und – was das Schlimmste war – er begann zu stottern. Ja, er stotterte so sehr, dass es immer schwieriger wurde, mit ihm ein flüssiges Gespräch zu führen. Was ein solches Manko im Kreise Gleichaltriger für Folgen haben kann, muss an dieser Stelle wohl nicht näher erläutert werden. Auch der ältere Bruder Kurt beteiligte sich mitunter an den

Hänseleien, die Christian so sehr ins Herz trafen. Diese Tortur ging so lange, bis der Vater Johann ein Einsehen zeigte und erkannte, dass der Lehrer seinem Sohn mit seinen „Umerziehungsmethoden" nichts Gutes tat. Er wurde in der Schule vorstellig, um den Pädagogen anzuweisen, den jungen Christian mit seiner „guten" linken Hand arbeiten zu lassen. Manches änderte sich, das Stottern aber blieb. Zwar nicht mehr in dieser Intensität, aber in diversen Situationen tat sich der Bub noch immer schwer. Mit 15 Jahren endlich sollte die Qual für Christian weitgehend ein Ende finden. Gleich seinem Bruder Kurt begann er in diesem Alter, sich noch intensiver der Musik zu widmen, als er das vorher schon getan hatte. Spielte er mit sechs Jahren bereits Blockflöte, so befasste er sich mit 15 leidenschaftlich mit der Trompete, die ihn bis heute begleitet. Durch die intensive Beschäftigung mit der Musik, durch das Sprechen darüber, durch den Gesang hatte sich Christians Blockade weitgehend aufgelöst. Nur bei Müdigkeit oder Unkonzentriertheit holt ihn die Erinnerung an früher noch ein. Heute ist Christian Exel verheiratet, Musiklehrer an einem Gymnasium in Klosterneuburg und spielt in diversen Bands, mit denen er den Traum seiner Musik lebt. Natürlich haben sie Gemeinsamkeiten, sind sich die Brüder sicher, obwohl sie grundverschieden seien, so der gemeinsame Tenor. Die Musik war immer schon das verbindende

Element, das sie einte. Während Kurt auf der Klarinette musizierte, zog es Bruder Christian zur Trompete, die er heute noch mit viel Freude und großem Enthusiasmus in verschiedenen Bands und Combos spielt. Sportlich gab es wenige Gemeinsamkeiten. Der Linkshänder Christian wollte Kurts Talent nutzen, um sich von ihm im Tennisspiel unterweisen zu lassen, allein, es blieb beim Versuch. „Es war wohl das Einstellen auf einen Linkshänder, was nicht ganz so einfach war", ist Kurt heute überzeugt. Denn was der Rechtshänder vormachte, konnte der Linkshänder nicht so ohne Weiteres imitieren.

Und ja, es habe selbstverständlich auch zwischen ihnen beiden die vielen jugendlichen Reibereien gegeben. „Wie in allen Familien", erzählt Christian. Und: „Ostern war eine spezielle Zeit. Ich hortete meine Süßigkeiten, um länger davon zu naschen. Kurt hatte alles nach einer Woche erledigt. Das logische Resultat: Meine Hasen waren fortan nicht mehr sicher."

Bei späteren pubertären Meinungsverschiedenheiten hatte jeder sein Druckmittel, das er zum eigenen Vorteil einsetzte. Wenn es aber darum ging, gemeinsam etwas zu verschweigen, so waren sie wie Pech und Schwefel. Auf Kurts Partys hatte Christian nichts verloren, denn in solchen Situationen sei ein kleiner Bruder eben nur ein „Anhängsel".

Christians Weg verlief – ähnlich wie der seines großen Bruders – nicht immer schnurgerade. Er nahm die Matura im zweiten Bildungsweg in Angriff und reüssierte auf Anhieb. Nach der Reifeprüfung zog es ihn mit 18 Jahren nach Wien, wo er „der Retzer Enge" zu entfliehen vermochte. An der Universität belegte er das Studium der Musikpädagogik mit dem Konzertfach Trompete. Kehrte er nach Retz zurück, so wurde er durchaus mit einer gewissen Distanz betrachtet, ja es wurde mitunter unterstellt, er fühle sich als „etwas Besseres". Während seines Studiums sei er auf sich selbst gestellt gewesen, und um das nötige Budget aufbringen zu können, war er vermehrt als Musiker im Einsatz, unter anderem im Bad Ischler Kurorchester. Heute unterrichtet Christian Exel an einer Allgemeinbildenden Höheren Schule in Klosterneuburg Musik und ist darüber hinaus für einige Stunden in Retz an der Musikschule tätig.

„Das Leben und Denken als Künstler ist anders als das vieler Menschen, die ich kenne und die mich kennen", meint Christian nachdenklich. So sei klar und auch logisch, dass viele mit seiner Art zu leben nicht allzu viel anfangen könnten. Es gebe beispielsweise keinen so geregelten Tagesablauf wie in anderen Familien, außerdem seien die Wertigkeiten bei ihm eben anders. Aber das ist kein Problem für ihn. Im Gegenteil: Jeder solle nach seiner Facon glücklich werden. Auf die Frage, wie Kurt zum Weg seines

Bruders stand, kommt die Antwort schnell und überzeugend: „Ich fand es gut, wie er seine Vorstellungen durchzog. Aber helfen konnte ich ihm dabei nicht. Ich war ja nicht mehr da."

Seine Frau Ulli lernte Christian als 17-Jähriger auf Kurts und Gabis Hochzeit am 1. August 1981 auf Umwegen kennen. Ulli war zu dieser Zeit in einer Beziehung mit einem Vorarlberger, der ein schwieriger Mensch war, und wusste, dass er bald wieder „ins Ländle" zurückkehren würde. Er war wesentlich älter als sie selbst und setzte sie zunehmend unter Druck. Sie habe eben ein ausgeprägtes Helfersyndrom, so Christian, und war beseelt davon, ihren damaligen Freund zu retten, so Ulli im O-Ton. Und so sollte es noch ein paar Jahre dauern, bis die beiden den Weg zueinander fanden. Heute sind sie mehr als 30 Jahre ein Paar und feierten 2013 ihre Silberhochzeit.

Auffallend sind die Bande, die die beiden Paare schon seit vielen Jahren verbindet. Gabi und Ulli kennen sich bereits seit dem Alter von acht Jahren, also seit der dritten Klasse Volksschule. Ihre Schulzeit verbrachten sie gemeinsam im Gymnasium, nach dem Abschluss übersiedelten beide nach Wien, um sich eine Wohnung zu mieten und ihre Ausbildung in Angriff zu nehmen. Ulli ist heute als Medizinisch-Technische Assistentin im Wiener St. Anna-Spital tätig, Gabi absolvierte eine Ausbildung als Europa-Sekretärin.

Bei Gabis und Kurts Hochzeit war nur Ulli eingeladen, nicht jedoch ihr Partner, der beim Brautvater im Caritas-Heim tätig war. Er, der die Leitung des Projektes innehatte, kannte seinen Mitarbeiter und dessen Schwächen und nahm bewusst davon Abstand, ihn zur Hochzeit seiner Tochter einzuladen. So saßen Ulli und der vier Jahre jüngere Christian beim Bankett nebeneinander und kamen ins Gespräch. Für Ulli war es zu dieser Zeit undenkbar, mit einem wesentlich jüngeren Mann zusammen zu sein, doch sie genoss die unbeschwerten Stunden, in denen sie und nicht die Probleme ihres Freundes im Mittelpunkt standen. Zwar hatte sich ihr damaliger Partner in der Nähe der Festgesellschaft platziert, um angetrunken das Geschehen zu beobachten, doch Ulli nahm in kurzerhand am Arm und geleitete ihn aus dem Wahrnehmungskreis der Feier nach Hause, kehrte aber selbst kurz darauf wieder zurück im Bewusstsein: „Jetzt ist eh scho wurscht, jetzt kann ich mich endlich einmal mit einem normalen Mann unterhalten." So verlief das erste Kennenlernen des Paares bei der Hochzeit der Gerszis.

Trotz aller Widrigkeiten hielt Ulli noch eine ganze Weile an ihrem Partner fest und besuchte ihn in Vorarlberg. Eines Abends, es war der Tag vor ihrer Abreise nach Wien kam es zum endgültigen Bruch. Zwei Jahre später trafen sich Christian und Ulli zufällig wieder bei Gabi, wo sich der angehende Musiker auf eine Prüfung vorbereitete. Sie fuhren gemeinsam in die Stadt zurück und Christian – ganz Kavalier der alten Schule – packte ihr Buch ein, um es für sie zu tragen. Prompt blieb es nach einer angeregten Unterhaltung in der Tasche, sodass der junge Gentleman die Gelegenheit wahrnahm, kurze Zeit später das Buch höchstpersönlich bei Ulli vorbeizubringen. So entwickelte sich aus gegenseitiger Zuneigung und Verständnis Liebe, die bis zum heutigen Tag anhält.

Wie unterschiedlich Menschen miteinander kommunizieren, zeigt die Diskussionsfreudigkeit der Paare Gerszi und Exel. Während bei Kurt und Gabi – laut eigenen Aussagen – das Herz auf der Zunge liegt, sind Ulli und Christian keine Streittypen. Nach zweitägigem Schweigen über das Diskussionsthema wird die Problematik mit gebührender Distanz wieder aufgenommen und im Gespräch gelöst, sodass sie dann vom Tisch ist.

Außerdem ist Christian nicht der Tausendsassa, der auf allen Hochzeiten tanzen muss. Nachdem er drei Jahre lang Musikschuldirektor in Retz war, erkannte er sehr schnell, dass diese Arbeit nichts für ihn sei und ihm viel zu viel Zeit raube, das zu tun, wofür sein Herz eigentlich schlägt. Und so trat er wieder seine Vollzeitstelle im Gymnasium an, wo er bis heute seine Brötchen verdient. Auf die Frage, wie die Exels Kurt wahrgenommen haben, kommt die Antwort sehr schnell und einstimmig: „Kurt war immer etwas

Besonderes." Er war in seinem Tun und Handeln bestimmt, nahm kein Blatt vor den Mund und war der „Star" in der Retzer Community, während seine Altersgenossen immer etwas langweilig und unerotisch waren. Kurt war – wie bereits erwähnt – in der Retzer Musikkapelle und im Kammermusikensemble aktiv, spielte gut und gern Tennis, unterrichtete an der Musikschule und noch vieles mehr. Darüber hinaus verfügte er über Einfühlungsvermögen und gute Manieren, kurz: Kurt wusste zu beeindrucken.

Doch Bruder Christian war nicht der Einzige, mit dem sich Kurt in jungen Jahren zu beschäftigen hatte. Alsbald gesellte sich zu den beiden Brüdern als Dritte im Bunde Schwester Susanne, die heute in Stockerau bei Korneuburg lebt, und schlussendlich Beate als Nesthäkchen. Sie, die etliche Jahre Jüngere als ihr großer Bruder, wusste schon von Anfang an, wie sie Kurt um den Finger zu wickeln hatte. Er war nicht nur Bruder, nein, er hatte auch die Freude und die Ehre, als Tauf- und Firmpate zu fungieren, was ihn mit großem Stolz erfüllte. Zudem hatte diese Funktion auch eine praktische Seite, wie er erzählt. Da sich im Sommer die Retzer Jugendlichen bei schönem Wetter im Bad traf, gab es immer ein großes „Hallo", wenn Kurt mit Beate auftauchte. Er schaffte es ein ums andere Mal, die Schönheiten der Umgebung um sich und seine kleine Schwester zu scharen und gab sich als großer Beschützer. Diese Rolle bescherte ihm nicht nur einmal ein Rendezvous mit einer Angebeteten, was dem jungen Draufgänger nur recht und billig war. Heute lebt Beate in Deutschland am Bodensee in einem kleinen Ort namens Hattenweiler nahe Überlingen. Warum auch sie den Weg in den Westen fand? Ihr Gatte, der aus der Nähe von Hannover stammte, fand im Vorarlberger Unternehmen OMICRON und anschließend bei EADS in Friedrichshafen eine Anstellung. Die beiden lebten im vorarlbergischen Hard, bis sie 2007 in Hattenweiler ein Haus erstanden. „Ein echter Weiler", wie Kurt befand, der beim Umbau des neuen Domizils tatkräftig mithalf. Es gab kein Wirtshaus, kein Geschäft, keine Zigaretten. Wie sich Kurt auch durch die verwaisten Straßen des Dorfes bewegte, kein Lichtblick am Horizont war zu sehen. So musste es in Guantanamo sein, war sich der temporäre Bauarbeiter sicher. Zu Beate hat Kurt noch immer ein sehr enges Verhältnis, wie er betont. Wie kann es anders sein, wenn er als 15-Jähriger die Patenschaft für das Mädchen übernimmt, das mit großen Augen zu ihm aufsieht?

Damit lebt Familie Exel heute über ganz Österreich und Deutschland verteilt: Christian ist mit seiner Gattin Ulli in Wien beheimatet, Schwester Susanne lebt in Stockerau, Patenkind Beate hat ihr Glück in Hattenweiler gefunden und Kurt und Gabi Gerszi sind in Tschagguns im Vorarlberger Montafon zu Hause. Nur die Eltern blieben in Retz. Wie das, fragen Sie sich? Wir wollen nicht vorgreifen, aber eines sei vorweggenommen: Berufsbedingt verschlug es Familie Gerszi nach Vorarlberg. Zuerst nach Nüziders, dann suchte Gabi, Gattin und altera pars des Ehepaares, die Wohnung in Tschagguns aus.

Auch in dieser Situation stellte das Schicksal seine Weichen. 2004 trat Gabi eine Stelle als Assistentin bei der Gemeindeärztin Alexandra Steininger an, die ihre Ordination neu eröffnet hatte. Nur zehn Gehminuten von ihrem Arbeitsplatz befand sich die Wohnung der Gerszis. Perfekt, wie Gabi heute sagt. Behindertengerecht, mit Aqua-WC, einer Rampe für den Rollstuhl, die Kurt anfangs als bauliche Erleichterung für die Lieferung größerer Mengen Weines hielt, speziell montierten Lichtschaltern und vielem mehr, worüber sich der Liebhaber kulinarischer Genüsse anfänglich wunderte. Bis ihn drei Monate später die Realität einholte. Gehirnblutung. Jetzt wusste er, wozu die Maßnahmen dienten.

Das Leben änderte sich mit dem Gehirnschlag. Fundamental. Doch wer glaubt, nur zum Schlechten, der irrt. Früher wohnten die Gerszis in Tschagguns. Heute leben sie dort, wie sie immer wieder betonen. Verbringen Zeit mit Bekannten und Freunden aus dem Ort, haben durch die von Kurt gegründete Selbsthilfegruppe Kontakt, unternehmen Ausflüge und – Kurt nutzt seit seiner Behinderung die Monatfoncard, um mit der Bahn die geliebten Berge zu kosten, die Luft einzusaugen und die Stille der Alpen zu genießen. Dinge, die früher selbstverständlich waren, sind jetzt ein Geschenk, an dem er sich erfreut, das er dankbar annimmt und das ihm Kraft für seinen Alltag gibt.

Kurt Gerszi in Zahlen
- Geburtsdatum: 03.03.1960
- Eltern: Johann und Irmgard Exel
- 3 Geschwister:
  - Jänner 1964 – Bruder Christian Exel
  - April 1968 – Schwester Susanne Angelmayr
  - April 1975 – Schwester Beate Salac-Exel
- Geburtsort: Hollabrunn, Niederösterreich
- Familienstand: verheiratet, 2 Kinder (Florian und Philipp)
- Wohnort: Pfiferweg 6, Tschagguns, Vorarlberg

Ausbildung:
- 1966–1970: Grundschule in Retz, NÖ
- 1970–1975: Bundesgymnasium in Hollabrunn, NÖ
- 1975–1980: Handelsakademie in Hollabrunn, NÖ
- Abschluss: Matura am 09.06.1980
- 1982–1983: Ausbildungslehrgang – Programmiersprache COBOL

Lebensdaten:
- 1981: Hochzeit mit Gabriele Gerszi
- 1986: Geburt des ersten Sohnes Florian
- 1988: Geburt des zweiten Sohnes Philipp
- 26.7.2008: Hochzeit Daniela Pollak und Florian
- 4.8.2009: Geburt Enkelin Hannah
- 29. September 2010: Gehirnblutung im Stammhirn
  - Intensivstation im LKH Feldkirch

- anschließend 8 Wochen Notfall-REHA im LKH
  Rankweil: Station O1, N2
- Schielen, starker Nystagmus und Schwindel
  (Augenklappe)
- November 2010: erste Schritte mit Hilfe von
  Pflegepersonal und Therapeuten
- Ende 2010 – Jänner 2011: REHA in Schruns
- Jänner 2011: TCM-Therapie: Strom, Akupunktur
- Jänner bis Juli 2011: REHA in Bürs (SMO)
- seit 22.06.2011: Psychotherapie/Coaching bei
  Bertram Strolz
- September 2011: REHA in Münster:
  - räuml. Sehen wieder möglich
    (Augenklappe entfernt)
  - Nystagmus und Schwindel treten in den
    Vordergrund
- 2011: aufgrund der starken Medikation Gewichts-
  zunahme (Betablocker)
- Ende 2011: Umstellung auf Exforge HCT
- 2012: erste Stufen (therapeutisch, d.h. abwärts mit
  rechter Hand am Handlauf)
  - kleine Ausflüge ohne Rollstuhl
- seit 6. März 2012: Praktikum bei Caritas Schruns
- ab Mitte April 2012: zwischen SMO-Blöcken
  Training und REHA mit MOHI
  - „Freigabe" vom Arzt bis zu 3000 Höhenmeter
- 30. Juni 2012: Ausflug in Schruns aufs Hochjoch
  auf 2000 Höhenmeter

- 20. Juli und 28. September 2012: 5-Säulen-Prinzip mit Bertram Strolz
- seit Spätsommer 2012: verstärkt Akupunktur durch Alexandra Steininger
- 30. Oktober 2012: Beginn der ehrenamtlichen Tätigkeit für die Caritas Schruns
- 22. November 2012: erstmals seit dem 29. September 2010 wieder alleine Stufen gegangen
- 23. Jänner 2013: Schädel-CT
- Februar 2013: Krebs-OP auf Unterlippe
- 16. Februar 2013: Gründung der Selbsthilfegruppe Montafon „Net lugg lo" (www.net-lugg-lo.at)
- 19. Februar 2013:
  - MRT
  - Angiographie
- 5. April 2013: 1. Treffen Selbsthilfegruppe:
  - 16 Betroffene und Angehörige
- 18. April 2013: 1. Ausflug mit dem Rollator: 300 m weit
- 10. Mai 2013: 2. Treffen des Selbsthilfevereins Montafon
  - bereits 20 Betroffene und Angehörigen
- 28. Mai 2013: Geburt der Enkelin Charlotte; Tochter von Florian und Daniela Pollak
- 29. Mai 2013: zum ersten Mal seit Gehirnblutung im Keller
- 16. August 2013: Ausflug aufs Rellseck
- 21. Juli 2013: Taufe Charlotte

JUNG UND UNBESCHWERT

Verbrachte Kurt mit seinen Geschwistern im kleinen Retz eine relativ unbeschwerte Kindheit, so zog es ihn mit zehn Jahren in das 26 Kilometer entfernte Hollabrunn, wo er das Gymnasium besuchte. Die ersten Lernjahre waren von Erfolg gekrönt, auch wenn ein kleines Mehr an Engagement einem besseren Erfolg wohl nicht abträglich gewesen wäre. Dann kam das verflixte dritte Jahr, in dem – wie viele von uns schon leidgeprüft erfahren mussten – die angeblich so „tote" Sprache Latein auf den mittlerweile schon pubertierenden Kurt wartete. Mit seinem Fachlehrer konnte der Junge gar nichts anfangen, er langweilte sich und vergaß darüber, diese schöne Sprache in sich aufzunehmen, ja sich überhaupt dafür zu interessieren. So kam, was kommen musste: Kurt konnte das Jahr nicht positiv abschließen und sollte eine Ehrenrunde im Gymnasium absolvieren. Sollte, denn der Vater hatte für die Eskapaden seines Sprössling wenig Verständnis. Und: Das Wiederholen einer Klasse war zu dieser Zeit nicht vorgesehen – verpönt. Doch schon damals bewies Kurt seinen eigenen Kopf. Nach vielen Kämpfen, Diskussionen, Zeter und Mordio gelang es ihm schließlich, seinen Standpunkt durchzusetzen: Er wollte das Jahr wiederholen und es allen zeigen. Denn schon im zarten Alter von dreizehn Jahren regte sich das Kämpferherz in Kurt Exels Brust.

Erneut in der dritten Klasse wurde dem jungen Studiosus – nolens volens – ein neuer Lateinlehrer vor die Nase gesetzt und siehe da: Diese Veränderung wirkte Wunder. Kurt tat sich in den folgenden beiden Jahren gar nicht mehr schwer, im Gegenteil. Er entwickelte sogar eine gewisse, wenn auch nur kleine Zuneigung zu den alten Römern, nicht zuletzt durch das Engagement seines neuen Professors. Und darüber hinaus spielte das Schicksal in diesem Jahr eine weitere kleine, aber entscheidende Rolle im Leben des Kurt Exel: Er lernte die Schwester seiner heutigen Gattin Gabi in der dritten Klasse des Hollabrunner Gymnasiums kennen.

Familie Gerszi stammte nicht genuin aus Retz und Umgebung, sondern war aus dem großen Wien aufs Land gezogen. Nicht freiwillig, wie die Familienmitglieder betonen, sondern weil der Vater, der als Verwaltungsdirektor bei der Caritas sein täglich Brot verdiente, in Retz mit der Leitung eines Heimes für schwer erziehbare Kinder beauftragt wurde. Bis zur zweiten Klasse hatte Gabi die Volksschule des Sacré Coeur am Rennweg in Wien besucht, die dritte Klasse absolvierte sie bereits in Retz. Anschließend ging auch sie auf das Gymnasium in Hollabrunn, wo sie 1978 die Matura ablegte. In die Quere kamen sich Gabi und Kurt schulisch nie, dafür funkte es privat sehr früh. Doch dazu ein wenig später.

Obwohl Kurt den Abschluss der Unterstufe des Gymnasiums in Hollabrunn problemlos schaffte, war für ihn früh klar, dass die Welt der Griechen,

Römer und Humanisten wohl nicht die seine war. Ihn zog es hin zum kaufmännischen Metier, wo er mit Menschen kommunizieren konnte, die im Leben standen, sie – mit seinem unbestreitbaren Talent – überzeugen konnte. So war die nächste Station seiner Karriere die HAK in Hollabrunn, wo er – wie er nicht müde wird zu betonen – fünf wunderbare Jahre verbrachte. Von diesen fünf Jahren zieht er verschmitzt ein Jahr ab, das er – nach eigenen Angaben – mit allerlei anderen Dingen verbracht hat. Dingen, über die wir noch staunen werden. Hinter der HAK stand der Fonds der Wiener Kaufmannschaft, und so hatten Kurts Eltern einen zusätzlichen Obolus für die Ausbildung ihres hoffnungsvollen Sprösslings beizusteuern. „Das war nicht immer leicht", wie Kurt heute noch dankbar anmerkt. Der Vater war als beamteter Vermessungstechniker beim Bund beschäftigt und die Familie sollte bald sechs Köpfe zählen. So ist es wenig verwunderlich, dass Kurt froh war, seine Traumschule besuchen zu dürfen. Und er tat das mit Erfolg: In den folgenden fünf Jahren gibt es keine Extrarunden mehr, Kurt lernt, wenn er lernen muss, um einen ordentlichen Schulabschluss zu erreichen. Daneben frönt er seinen Leidenschaften und spielt Tennis, ist bei den Musikanten und – er arbeitet. Er arbeitet so viel, dass er sich in seiner Freizeit das eine oder andere gönnen darf. Damit zeigt Kurt bereits in der Schule großes Verantwortungsbewusstsein.

Was ihm den Wechsel an die HAK so leicht machte? Es war eigentlich nicht die Sprache Latein, die er in den letzten beiden Jahren des Gymnasiums durchaus zu schätzen gelernt hatte. Vielmehr vergällten ihm die Lehrer der altehrwürdigen Anstalt zunehmend den Schulalltag. Alt und verschroben seien sie gewesen, erzählt er. Nicht liebenswert verschroben, wie man sich einen zerstreuten Professor vorzustellen habe, sondern in alten Denk- und Handlungsstrukturen verhaftet. Der aufmerksame Leser möge zwischen den Zeilen lesen.

Ganz anders präsentierte sich die HAK: modern, innovativ, den Erfordernissen der Zeit angepasst. In der neuen Schule herrschte Aufbruchsstimmung, die Lehrer waren jung, dynamisch, begegneten den Schülern auf Augenhöhe mit Respekt. Diskutieren war nicht verboten, und traf man sich auf dem Tennisplatz, so wurde kurzerhand ein Match gespielt. Es gab wenig Berührungsängste mit dieser neuen Generation von Professoren, die – so Kurt Gerszi – zwischen 25 und 30 Jahren alt waren. Besonders gut erinnert er sich an seinen Lehrer, der die kaufmännischen Fächer unterrichtete. Vor ihm zieht er noch als Erwachsener den Hut: ein Lehrer aus Leidenschaft. Nur 175 cm groß war er im Management-Board des Nestlé-Konzerns tätig, bis er seiner Passion nachgab und in die Schule wechselte, um hoffnungsvollen Talenten sein Wissen und seine Erfahrung zu vermitteln. Er habe aufs Verstehen gesetzt, die Materie so lange erklärt, bis jeder sie verstanden hatte. Doch geschenkt gab es nichts. Insgesamt waren die fünf Jahre in der HAK für Kurt angenehm, weil nicht allzu arbeitsintensiv, was die Schule betraf. Doch wenn Not am Mann war, riss er sich am Riemen, gemeinsam mit seinen Freunden organisierte er Lerngruppen, wo der *Lerngruppe* prüfungsrelevante Stoff besprochen wurde. Und das beinahe wöchentlich. Allein diese Tatsache zeugt von einer gewissen Reife der damaligen Schüler.

Dass Kurt Exel durchaus findig darin war, wie er seine Freizeit gestalten wollte, beweist eine weitere Anekdote aus seiner Jugend. Ihm war es nicht genug, im örtlichen Musikverein als Klarinettist seine Begabung zu zeigen, er hatte das Glück, neben seiner schulischen Ausbildung einer nebenberuflichen Tätigkeit nachgehen zu dürfen, die ihn erfüllte: Er unterrichtete an der Musikschule Retz von zwei Uhr nachmittags bis halb sechs Uhr abends. Nicht einen, nicht zwei, nicht drei Tage, nein, er ging dieser Profession fünf Nachmittage in der Woche nach. Seine Fächer? Blockflöte, Klarinette und Altflöte. Und er tat es gern, mit Leidenschaft und Überzeugung. Unter anderem deswegen, weil der Direktor der Musikschule hinter ihm *Musiklehrer* stand und ihn förderte. Dass es nicht immer leicht für Kurt war, sich gegen diverse Eltern zu behaupten, zeigt folgende Geschichte: Ein Lehrerehepaar, das seine Tochter in die Obhut des Instituts gegeben hatte, erwartete vom Nachwuchs Engagement und Performanz bis zur Perfektion. Dementsprechend fielen auch Übungszeiten und Stückauswahl durch die ehrgeizigen Eltern aus. Kurt, der junge, hoffnungsvolle Lehrer, konnte diesem Treiben nicht tatenlos zusehen, und so forderte er die Eltern auf, das Mädchen doch das spielen zu lassen, was dessen Herz erfreute. Mit diesem Ansinnen geriet der junge Mann jedoch an die falsche Adresse. Das Ehepaar, das Kurt aufgrund dessen Alters jegliche Kompetenz absprach, forderte vom Direktor der Musikschule seine Entfernung aus dem Unterricht. Doch der reagierte so anders, als die beiden dies erwartet hätten: Er bewies Zivilcourage und stellte sich hinter seinen Junglehrer – der es ihm noch viele Male danken sollte.

Doch Kurt erlebte auch lustige Situationen bei dieser doch nicht alltäglichen Beschäftigung. Eines Nachmittags, Kurt war wohl etwas müde nach einer längeren Abendsitzung beim Heurigen, übermannte ihn der Schlaf während des Unterrichts mit einem Eleven. Das junge, hoffnungsfrohe Talent stand stramm neben seinem Lehrmeister und wagte nicht, diesen zu wecken – bis die Lektion beendet war und Kurt die Augen aufschlug. Heute noch lacht der Musiker über diese Begebenheit. Die Lektion wurde übrigens nachgeholt. Ein andermal beschäftigte er sich mit einem anderen, sehr talentierten Jungen, als dieser plötzlich sein Instrument absetzte, sich in die Horizontale begab und mehrere Liegestütz machte. Technisch perfekt, wie der Sportler in Kurt fachkundig feststellte.

So sehr Kurt den Unterricht in der Musikschule liebte, so problematisch waren die Kollisionen der sechsten Stunde mit seinem Stundenplan in der HAK. Kurzerhand traf der findige Junglehrer ein Arrangement mit seiner Schule, indem er diese Stunde aus dem Stundenplan strich, trotz allem aber bei allfälligen Überprüfungen die geforderten Leistungen erbrachte. Außerdem waren es nur „unwichtige" Fächer. Sagt Kurt. Zu seinem Glück gab es an dieser Schule das Motto: „Die Schüler sind freiwillig hier. Sie bezahlen Schulgeld. Wenn sie das Angebot der Schule nicht annehmen, sollten sie selbst ihren Weg gehen. Und in der Öffentlichkeit nicht allzu viel Aufhebens davon machen." Auch eine Art des Zusammenlebens, wie wir meinen. Die Lehrer akzeptierten Kurts Vorgangsweise, nicht genug damit, man setzte sich das eine oder andere Mal zusammen, diskutierte über Gott und die Welt bei einem Glas Cognac und einer Zigarette oder traf sich auf dem Tennisplatz – unkompliziert und leger. Heute unmöglich, meint Kurt nachdenklich.

Wie die Eltern auf Kurts Aktivitäten reagierten? Das bleibt in seiner Gesamtheit wohl ein gut gehütetes Geheimnis des Kurt Exel. Soviel aber darf verraten werden: Sie waren über die eine oder andere Beschäftigung ihres Juniors im Bilde, nicht aber über deren

Gesamtumfang. War eine außerordentliche Unterschrift gefragt, so setzte Kurt mit geübter Hand das Konterfei der Mutter unter das Dokument. Ab 18 Jahren unterschrieb er seine Entschuldigungen höchstpersönlich. Ja, noch viel mehr: Er gab seinem Klassenvorstand, der zugleich sein Französischlehrer war, zehn Blankounterschriften, die sein Fernbleiben bei Bedarf durch Eintragen der Fehlstunden entschuldigen sollten. Ein Prozedere, das uns heute nicht mehr als ein Schmunzeln entlockt.

Eines aber wusste Kurt ganz genau: Solange die Schulnoten den Erwartungen entsprachen, würden auch die Eltern zufrieden sein und nicht nachfragen. Und so war dieser Aspekt Antrieb genug, gute Leistungen zu erbringen. Gute Freunde, ein schnelle Auffassungsgabe und regelmäßige Lerngruppen erleichterten so seinen Werdegang, an dessen Ende eine weiße Fahne – das war das Ziel – stehen sollte. Was die Klasse als Gemeinschaft auch erreichte.

Ein ums andere Mal hebt Kurt Gerszi hervor, wie schön und sorglos diese Zeit gewesen sei. Die Schule bereitete keine Probleme, die Zeit mit den Freunden war voll des Lebens, Tennisplatz, Konditorei, Billard, der Heurige und das Schwimmbad sorgten für allerlei Kurzweil bei den Jugendlichen. Außerdem widmete sich Kurt intensiv seiner zweiten Leidenschaft, die ihn Zeit seines Lebens begleiten sollte: der Musik. Er spielte alle Arten von Flöte: Blockflöte, Tenorflöte,

Altflöte und Klarinette. Doch damit fand der Musik-begeisterte kein Auslangen. Als Autodidakt erlernte er das Klavierspiel, weil er seinen großen Vorbildern, die damals die Charts stürmten, nacheifern wollte: Die Beatles, Cat Stevens, Procol Harum aber auch Deep Purple und Uriah Heep zählten zu seinen Heroen. Ob seine Eltern die Ambitionen unterstützten? Indirekt, grinst Kurt, sie wussten nicht alles.

Seinen 48-Stunden-Tag rundete der Jugendliche mit zahlreichen Rallyes auf dem Tennisplatz in Hollabrunn ab. Nachdem er dem heimischen Club den Rücken gekehrt hatte, weil dieser – so Kurt – auf die Jugendlichen nicht allzu viel Wert legte, schrieb er sich in Hollabrunn im dortigen TC ein, wo er alsbald Teil der Mannschaft war. Um regelmäßig an Training und Match teilnehmen zu können, schlief er – mit Erlaubnis der Eltern – bei einem Freund in der Nähe des Tennisplatzes. Damit waren zahlreichen Feierlichkeiten am Abend Tür und Tor geöffnet. Neben dem Tennisteam nahmen ihn auch der Musikverein und das Jugendblasorchester in Retz zeitlich enorm in Anspruch. Bis zu 45 Mal rückte er pro Jahr am Wochenende aus, was nicht selten zu einer verspäteten Heimkehr führte. Rein zufällig, versichert er glaubhaft. Mehr oder weniger. Doch auf eines legt Kurt großen Wert: Der Dirigent der Stadtkapelle, auch sein Vorgesetzter als Musikschuldirektor, schickte die Jugendlichen um 20 Uhr nach der Probe nach

Hause, auch mit 16 durften die Jungmusiker bis maximal 23 Uhr bleiben. So hatte alles seine Ordnung. Doch es ist nicht alles Gold, was glänzt. Auch Kurt hatte einige Reibebäume in seiner Jugend, mit denen er zu kämpfen hatte. Die Konflikte in der Schule, mit seinen Eltern, mit Freunden, in den Vereinen hielten sich in Grenzen und beschränkten sich auf ein erträgliches Maß, das jeder von uns in seinem Leben erfährt. Einzig in der Musikschule gab es hin und wieder Auseinandersetzungen mit Eltern, die weniger mangelnder Kompetenz als vielmehr zu wenigen Lebensjahren zuzuschreiben waren – so sahen es zumindest einige von ihnen. Zeit seines Lebens konfrontierte Kurt – auch heute noch – seine Umgebung, wenn nötig, mit Problemen und deren Ursache, ohne sich einer Lösung zu verschließen. Im Gegenteil, Kurt Gerszi war und ist ein lösungsorientierter Mensch, der nichts unversucht lässt, schwelende Konflikte zu bereinigen. Doch die Menschen in seiner Umgebung reagieren höchst unterschiedlich auf solche Versuche. Da gab und gibt es diejenigen, die konstruktiv an einer Bereinigung mitarbeiten, die sich öffnen und damit den ersten Schritt zur Überwindung einer Meinungsverschiedenheit bereits getan haben. Und da gibt es andere, die sich in ihr Innerstes zurückziehen, um sich jeglicher Lösungsmöglichkeit zu verschließen, da sie sich im Recht wähnen. Ergo hatte Kurt Exel in seiner Zeit als Musikschullehrer des Öfteren mit zweiter Kategorie zu kämpfen. Manchmal gelang es ihm und seinem Direktor, das Problem aus der Welt zu schaffen, ein andermal wurde das Kind zu einem anderen Lehrer geschickt, ob es wollte oder nicht. Doch eines war allen Fällen gemein: Kurt wehrte sich lautstark gegen den Vorwurf, er habe zu wenig Erfahrung im Umgang mit seinen Schülern. Denn wenn es einen Angriff gab, dann aus dieser Ecke. Er tat seine Meinung kund und erntete dafür nicht immer Lob und Anerkennung. Aber er blieb seiner Linie treu, weil Kurt eines ganz gewiss ist: ein g'rader Michel.

Drei Dinge sind es, die Kurt heute noch wie damals weiß. Da war zum einen die drohende Wiederholung der dritten Klasse des Gymnasiums, als er seinen Standpunkt partout durchsetzte und sich gegen seine Eltern behauptete. Dabei stand – wie er heute weiß – wohl weniger das Wiederholen der Klasse im Vordergrund, sondern vielmehr das Gerede von Nachbarn und Bekannten. Ein Schuljahr zu wiederholen, zeugte entweder von Faulheit oder Dummheit – wie damals landläufig gemutmaßt wurde. Und wer will sein Kind schon als faul oder dumm bezeichnet wissen. Deshalb sollte er in die örtliche Hauptschule überwechseln. Doch in diesem Punkt setzte Kurt Exel Maßstäbe, indem er sein Schicksal in die eigenen Hände nahm und seine Arbeit in der Schule in Zukunft zur Zufriedenheit aller erledigte, wohl wissend, dass gute Berufsaussichten ohne ordentliche

Ausbildung ein Ding der Unmöglichkeit sein würden. Zweifellos lernte Kurt aus diesen Ereignissen für sein Leben, und als er sich in einer ähnlichen Situation wie sein Vater befand, nutzte er seinen Erfahrungsvorsprung, um eine – zumindest für seinen Sohn – unpopuläre Entscheidung zu treffen, wohl wissend, dass sich diese Maßnahme ins Gute wenden würde. Doch dazu wieder später.

Die zweite wichtige Erfahrung war die bereits früher beschriebene Begegnung mit den Lehrereltern seiner Musikschülerin. In ihrem Ehrgeiz waren sie so von Perfektion und Zwang besessen, dass darüber der eigentliche Zweck der Musik und des Erlernens eines Instruments – Freude und Muse – verloren gingen. Der – ungerechtfertigte – Vorwurf an Kurt und den Direktor: Er sei zu jung zum Unterrichten, ihm fehle die Erfahrung. An dieser Stelle fühlte Kurt Ohnmacht und Wut ob so viel Ungerechtigkeit, Unfairness und Ignoranz in sich aufsteigen. Er rechtfertigte sich, arbeitete mit begründeten Argumenten, erklärte, appellierte, doch es war vergebens. Die Eltern hörten ihn, nahmen den Inhalt seiner Worte aber nicht auf. Es kam, wie es kommen musste: Das Mädchen wechselte den Lehrer. Ein weiterer Konflikt beschäftigte den jungen Mann ebenso nachhaltig. Es war in den ach so liberalen 70er-Jahren, als der ORF eine Jugendsendung mit dem Titel „Ohne Maulkorb" ausstrahlte. Das Team um Rudi Dolezal und Hannes Rossacher war immer auf der Suche nach einer guten Story, nach einer Story, die den Finger in die Wunde des permanent schwelenden Generationenkonfliktes legte. Im Zuge der Recherchen stieß das Fernsehteam, wie sollte es anders sein, auf eine Kleinstadt namens Retz und einen Jugendlichen, der allseits bekannt war, Kurt Exel, Musikant, Tennisspieler, Frauenscharm und Revoluzzer. Er war es, der die mangelnden Freizeitmöglichkeiten der Jugendlichen auf dem Lande anprangerte. Nicht genug damit, dass er den Stadtoberen ein schlechtes Zeugnis ausstellte, er ging sogar noch so weit, dass er vor laufender Kamera konkrete Beispiele erwähnte: Im Tennisklub in Retz war es für Jugendliche – so Kurt – unmöglich, ab 16 Uhr auf einem Platz ein zünftiges Match auszutragen. Warum? Die lapidare Begründung: Jetzt kommen die Erwachsenen. Aus diesem Grund fasste er den Entschluss – denn konsequent war und ist Kurt von Kindesbeinen an –, er wechselte zum TC Hollabrunn. Doch das waren bei Weitem nicht die einzigen Folgen für den Teenager: Er wurde ins Rathaus zu den Stadtoberen zitiert, um ihnen Rede und Antwort zu stehen. Was ihn nicht sonderlich bekümmerte, wie wir annehmen. Seine Eltern fragten ihn nur ein ums andere Mal: „Bua, muass des sein?" Ja, es musste, meint Kurt heute rückblickend, denn wenn es Probleme gibt, müssen sie angesprochen werden. So hält er es bis heute.

DES LEBENS
BITTERE SÜSSE

War die kaufmännische Ausbildung in der HAK eine Fingerübung für Kurt, so stellte sich trotzdem nach der erfolgreichen Matura mit 20 Jahren die Frage: Wie geht es weiter? Wollte er sein Glück an der Universität versuchen, sollte er sich ins Berufsleben stürzen oder wäre es nicht klüger, den Dienst am Staat – damals noch acht Monate – zu absolvieren, um seiner Staatsbürgerpflicht nachgekommen zu sein? Als Kurt hin und her überlegte, sich Gedanken machte, wohin er sich wenden sollte, was seine Zukunft bringen würde, entschied er sich, das zu tun, was getan werden musste: Er leistete seinen Präsenzdienst ab. Nach acht Monaten, aus denen es genug Geschichten zu erzählen gäbe, die aber an dieser Stelle ausgespart bleiben sollen, da sie nicht Thema unserer Betrachtungen sind, stand er neuerlich vor derselben Entscheidung: An der Universität BWL zu belegen und dieses Studium mit einer Sprachenausbildung zu kombinieren, schien verlockend. Ihm würden so alle beruflichen Türen offenstehen, wie er befand.

Doch diese Pläne hatten einen kleinen Haken: das Geld. Die Eltern, von Haus aus nicht begütert, hatten drei weitere Kinder zu versorgen, das Beamtengehalt des Vaters ließ die Bäume nicht in den Himmel wachsen. Außerdem wäre er wohl ewiger Student geblieben, meint er heute mit ein wenig Altersweisheit lächelnd. So entschied er sich – anfangs schweren Herzens – für einen anderen Weg, bei dem das Schicksal ein weiteres Mal seine Hände im Spiel hatte; die Weichen hatte es bereits vor Kurts Militärdienst gestellt.

Beruflicher Werdegang

- Juni 1981 – September 1985: ALU-KÖNIG-STAHL, Wien; Einkauf, EDV
  - Disposition
  - Terminverwaltung
  - Eingangsfakturenkontrolle
  - Exportabwicklung (1984–1985)
  - Erarbeitung und Überwachung von EDV-Programmen für die Einkaufsabteilung; Ziel: Optimierung des Einkaufs
- Oktober 1985 – Dezember 1989: Hydro Aluminium Nenzing, Nenzing; Verkaufsbüro in Wien; Key Account, Verkauf
  - Aus- und Aufbau der Bundesländer Niederösterreich, Oberösterreich, Steiermark und Kärnten im Bereich Aluminium-Halbzeugstangen für Gewerbe und Industriekunden
- Jänner 1990 – April 1992: ZIMMERMANN, Schwechat; Key Account, Ein- und Verkauf
  - Neuaufbau der Kundenstruktur und des Marktes im Bereich Flachglas für den Hoch- und Innenausbau
  - gebogene Sicherheitsgläser für den Sanitärbereich
  - Marktgebiete: Österreich, Schweiz, südl. Deutschland, Italien, Slowenien, Tschechien, Slowakei und Ungarn
- Mai 1992 – Jänner 1995: INTER-SYSTEM GmbH, Schwechat; Key Account, Verkauf
  - Akquise von Großkunden für den Messestandbau

- Ausarbeitung von Offerten
- Bauüberwachung, Koordinierung sämtlicher
  damit im Zusammenhang stehenden Termine
- Marktgebiet: Europa, Naher und Mittlerer Osten.
- August 1994 – September 1996: selbständig im
  Handel mit Flachglas für den Hochbau, Spezial-
  gläsern für den Hoch- und Innenbau
  - Marktgebiet: Österreich und angrenzende
    Ostländer
- November 1996 – April 2000: HOOGOVENS
  Aluminium, Korneuburg; Key Account, Verkauf
  - Aufbau von Gewerbe- und Industriekunden im
    Bereich Hard-Alloys – hochwertige Aluminium-
    stangen v.a. für die Automobil- und Flugzeug-
    industrie, Pneumatik, Hydraulik
  - Marktgebiet: Österreich, Schweiz, Tschechien,
    Slowakei, Ungarn, Slowenien, Kroatien und
    Bosnien
- Juli 2000 – Juni 2002: freiberufliche Tätigkeiten,
  hauptsächlich im IT-Bereich (Firewalls, Anti-
  viren-Programme, Kryptografie)
  - Geschäftsanbahnung, Kontakte, Marktaufberei-
    tung, Marktanalysen
  - Aufbau von Verkaufsteams und Märkten in der
    Halbzeug- und IT-Branche für verschiedene
    Konzerne und Firmen
  - Marktgebiet: Österreich und angrenzende
    Länder, Nordafrika, Naher und Mittlerer Osten

- August 2002 – August 2005: Hydro Aluminium
  Komponenten, Nenzing; Produktmanager, Verkauf
  - Auf- und Ausbau von Gewerbe- und Industrie-
    kunden in den Marktgebieten Österreich und
    Schweiz mit Schwerpunkt in der Akquise im
    Bereich Elektronik Aluminium-Komponenten
  - Erarbeitung von Lösungen und Produktentwick-
    lungen mit Kunden und Zulieferanten
  - Betreuung, Beratung sowie Aus- und Aufbau von
    Industriekunden im Komponentengeschäft
- September 2005 – Dezember 2007: As du Carreau
  GmbH, Glattbrugg, Schweiz; Key Account, Verkauf
  - Aufbau des Verkaufsgebietes Deutsch-Schweiz im
    Bereich Platten für den Außenbereich sowie
    Außen- und Innenfliesen
  - Akquise von Generalunternehmen, Baufirmen,
    Architekten, Bauherren und kommunalen
    Entscheidungsträgern und Vergabestellen von
    Aufträgen im Hochbau
- ab 2008: arbeitssuchend

Eines schönen Vormittags im Jahr 1980, die Eindrücke der bestandenen Reifeprüfung begannen schon zu verblassen, schlenderte der frischgebackene Neo-Maturant in Wien am Graben entlang und bewunderte die Auslagen der Geschäfte, als sich plötzlich ein junger Mann seines Alters zu ihm gesellte. Es war Ernst Bauer, ein alter Schulfreund, der im Betrieb seines Schwagers Peter König – Alu-König-Stahl – fleißig mitwerkte. Er, der Kurt kannte, unterhielt sich mit ihm über dies und jenes, unter anderem auch über dessen Zukunftspläne. Wie das bei jungen Leuten so ist, war in Ernst schnell die Überzeugung gereift, Kurt müsse im familieneigenen Unternehmen Fuß fassen. Familie König stammte aus Znaim, übersiedelte nach Retz, wo Jakob König ein Souterrain-Geschäft mit Eisenwaren eröffnete. Heute ist Alu-König-Stahl ein großer Konzern mit über drei Milliarden Euro Umsatz, der vor allem im Bereich Hochbau und Wintergärten tätig ist.

Kurt war der Idee nicht abgeneigt. Doch noch ging ihm alles ein wenig zu schnell. Der ungeliebte Militärdienst harrte seiner, und so vertröstete er Peter König, der ihm das Versprechen gab, auf ihn zu warten, auf die Zeit danach. So fügte es sich, dass Kurt nach der Vaterlandsverteidigung im Juni 1981 in der Privatwirtschaft sein Debut gab und seine ersten Sporen verdiente. Während und nach der Schule hatte sich Kurt bereits mit Programmiersprachen beschäftigt und vertiefte in der Folge sein Wissen in der Sprache Cobol, weil er darin seine Zukunft sah. In seiner ersten Anstellung bei König erhielt der junge Mann aber eine viel umfassendere Ausbildung in allen möglichen Bereichen: Er durchlief die Abteilungen Einkauf, Verkauf und Buchhaltung, sah sich im Export und der Lagerhaltung um und erhielt in der EDV-Abteilung die Aufgabe, mit einem eigens dafür eingesetzten Team den Einkauf mittels EDV zu optimieren. Das Ergebnis war ein funktionierendes Programm, das die Arbeit im Unternehmen effizienter machte.

Kurt war etwa vier Jahre im Betrieb tätig, hatte seinen Job von der Pieke auf gelernt und viel Erfahrung sammeln dürfen. Noch heute denkt er gerne an diese erste Station seines Berufslebens zurück. Ein einschneidendes Erlebnis sollte seine Wertvorstellungen im Job nachhaltig beeinflussen: Eines Tages rief der Unternehmer Peter König zu einer Betriebsversammlung in der Produktionshalle in Wiener Neudorf, das Büro hatte sich ja in Wien befunden. Die Ironie an dieser Geschichte: Kurt hatte die Halle Jahre zuvor mit der Retzer Musik eröffnet. Aber das nur am Rande. Und wie das bei solchen Veranstaltungen so ist: Der Junior hatte keine allzu guten Nachrichten zu vermelden. Das Unternehmen blickte auf ein schweres Jahr zurück, Weihnachten stand vor der Tür und die Gehaltserhöhung konnte nicht ausbezahlt werden. Das waren die Fakten. Peter König blieb nichts anderes übrig, als die Belegschaft zu bitten, auf das ihr zustehende Geld zu verzichten. Vorerst, wie er betonte. Und: Die Mitarbeiter würden es nicht bereuen. Rückblickend meint Kurt Gerszi: Wir haben es nicht bereut. Keine Sekunde. In den folgenden Jahren entwickelte sich das Unternehmen ausgezeichnet, die Umsatzzahlen gingen in die Höhe und die Mitarbeiter erhielten den vermeintlich verlorenen Betrag durch Boni und Prämien um ein Vielfaches zurück. Außerdem gab es jährlich Golddukaten, die als Zeichen der Wertschätzung an das Personal verteilt wurden. „Ich habe in dieser Zeit sehr viel gelernt", meint Kurt rückblickend, „ sowohl in beruflicher, aber viel mehr noch in menschlicher Hinsicht."

Doch auch die schönste Verbindung geht irgendwann einmal zu Ende. Kurts Wunsch, bei Alu-König-Stahl im Verkauf tätig zu sein, erfüllte sich trotz beiderseitigen Anstrengungen nicht, und so erlag er im September 1985 dem zweiten Lockruf der Vorarlberger Firma Hydro Aluminium mit Büro in Wien im dritten Bezirk. Schnell erkannte Kurt, dass der Verkauf sein Metier war. Ein Metier, das ihn bis heute nicht mehr losgelassen hat. Die Kehrseite der Medaille: Die Kinder sah er in dieser Zeit sehr selten. Im Vorarlberger Unternehmen war er im Bereich Key Account und Verkauf tätig und verantwortlich für den Aus- und Aufbau der Bundesländer Niederösterreich,

Oberösterreich, Steiermark und Kärnten im Bereich Aluminium-Halbzeugstangen für Gewerbe und Industriekunden und konnte sowohl die Tonnage als auch die Wertschöpfung in dieser Zeit beträchtlich erhöhen.

Da die Aluminium-Branche sehr kostenintensiv ist, hatte er es immer wieder mit hohen Summen zu tun, was ihn aber nie störte. Die Trennung von der Firma Alu-König-Stahl war nach dem zweiten Abwerbungsversuch durch seinen neuen Arbeitgeber in beiderseitigem Einvernehmen erfolgt, da er im Vorarlberger Unternehmen neue Perspektiven, sich zu verwirklichen, sah. Noch heute könne er sich bei den meisten seiner damaligen Kunden sehen lassen, erklärt Kurt nicht ohne eine gewisse Portion Stolz.

Während seiner Arbeit in der Alu-Branche baute er großes technisches Verständnis auf, doch wenn es ans Eingemachte ging, stand ihm in den Verhandlungen mit den Kunden immer ein Techniker zur Seite. „Manche Geschäfte waren auch von jugendlichem Leichtsinn geprägt", meint er heute rückblickend, doch mit dem Alter kam die Erfahrung. Dass in den frühen Jahren nichts passiert sei, führt er auf seinen gesunden Hausverstand und sein Bauchgefühl zurück. „Heute wären Geschäfte unter diesen Voraussetzungen wohl nicht mehr möglich", ist er sich sicher. Nach fünf Jahren hatte er sich einen Kundenstock aufgebaut, das Geschäft lief, die Aufbauarbeit war beendet. „Um drei Prozent mehr Umsatz zu erwirtschaften, wären 80 Prozent mehr Einsatz nötig gewesen", ist sich Kurt sicher. Das stand für ihn in keiner Relation zum Nutzen, denn er setzte seine Kraft Zeit seines Lebens lieber für Dinge ein, die ihn wirklich interessierten. Und so verließ er das Vorarlberger Unternehmen im Dezember 1989 zum ersten Mal.

Die nächste Station auf seinem beruflichen Weg war von Jänner 1990 bis April 1992 die Glasbranche, an die Kurt keine allzu guten Erinnerungen hat, weshalb wir bei diesem Thema auch nur kurze Zeit verweilen. Für seinen damaligen Arbeitgeber war er auf Provisionsbasis tätig, sodass sich dadurch für ihn gute Verdienstmöglichkeiten ergaben. Hier war er verantwortlich für den kompletten Neuaufbau sowohl der Kundenstruktur als auch des Marktes im Bereich Flachglas für den Hoch- und Innenausbau sowie für gebogene Sicherheitsgläser für den Sanitärbereich. Seine Marktgebiete waren Österreich, die Schweiz, Süddeutschland, Italien, Slowenien, Tschechien, Slowakei und Ungarn.

Nach Unregelmäßigkeiten in der Abrechnung seiner Provisionen, nach denen ihm ein Gutteil seines verdienten Lohnes nicht ausbezahlt wurde, warf er kurzerhand nach zwei Jahren das Handtuch und verließ das Unternehmen „im Unfrieden. Es war das einzige Mal", wie er betont. Trotz allem nahm er auch aus diesem Engagement viel Positives – sprich Erfahrung –

mit und wechselte für die nächsten 2,5 Jahre zur Firma INTER-SYSTEM GmbH nach Schwechat in den Messestandbau, wo er bis Jänner 1995 tätig war. Hier war er verantwortlich für die Akquise von Großkunden für den Messestandbau, für die Ausarbeitung von Offerten, die Bauüberwachung und Koordinierung sämtlicher damit im Zusammenhang stehenden Termine. Sein Marktgebiet reichte von Europa über den Nahen bis in den Mittleren Osten.

1995 schlug dann – vermeintlich – die große Stunde: Kurt versuchte sich in der Selbständigkeit. Er übernahm die Vertretung für Spezialgläser: gebogen, Sicherheitsgläser, Brandschutzgläser. Aus Ermangelung eines großen Startkapitals verzichtete er die erste Zeit auf eine Ausfallsversicherung. Und wie es der Teufel wollte, trat genau in dieser Zeit ein Haftungsfall ein. Diese Ereignis trieb das Unternehmen Kurt Gerszi in den Konkurs. Damit hieß es wieder zurück an den Start.

Von August 1994 bis September 1996 war er beim belgischen Konzern Hoogovens mit Sitz in Korneuburg angestellt, bis er 1997 in die IT-Branche wechselte, wo er als Freiberufler für Geschäftsanbahnung, Kontakte, Marktaufbereitung, Marktanalysen, Aufbau von Verkaufsteams und Märkten verantwortlich war. Das Geschäft ging gut, die Provisionen wurden geteilt, doch als die Gründung einer GmbH anstand, entschieden sich die Partner für ihr

Individualistendasein. Kurt war also wieder auf Arbeitssuche. Von August 2002 bis 2005 ging er ein zweites Mal zur Firma Hydro Aluminium Komponenten in Nenzing als Produktmanager im Verkauf. Seine Aufgabe waren der Auf- und Ausbau von Gewerbe und Industriekunden in den Marktgebieten Österreich und der Schweiz mit dem Schwerpunkt in der Akquise im Bereich von Elektronik-Aluminium-Komponenten. Daneben war er auch für die Erarbeitung von Lösungen und Produktentwicklungen mit den Kunden und Zulieferanten sowie für Betreuung, Beratung sowie Aus- und Aufbau von Industriekunden verantwortlich. Das Aufgabengebiet war groß, die Verantwortung wog, trotzdem wurde Kurt im August 2005 von einem Tag auf den anderen wegrationalisiert.

Im September 2005 fand er bis Dezember 2007 eine Anstellung im Key Account und im Verkauf beim Unternehmen As du Carreau GmbH in Glattbrugg in der Schweiz, wo er für den Aufbau des Verkaufsgebietes Deutsch-Schweiz im Bereich Platten für den Außenbereich sowie Außen- und Innenfliesen verantwortlich war. Sein Schwerpunkt lag in der Akquise von Generalunternehmen, Baufirmen, Architekten, Bauherren sowie kommunalen Entscheidungsträgern und Vergabestellen von Aufträgen im Hochbau. Die letzten zweieinhalb Jahre vor seiner schweren Ponsblutung war Kurt arbeitssuchend und sollte es bis zum Tag seines Gehirnschlages bleiben, an dem er zwischen mehreren Jobangeboten wählen hätte sollen. Doch das ist eine andere Geschichte.

VIER KÖPFE, EIN NAME

Ein sehr wichtiger Bezugspunkt in Kurt Gerszis Leben ist seine Gattin Gabi, die er 1978 näher kennenlernen durfte. Wie so vieles ist auch dieses Kennenlernen von einer schicksalshaften Fügung geprägt. Denn Gabi war ursprünglich im Visier eines guten Freundes von Kurt namens Peter, der bei besagtem Treffen – einem zünftigen Fest mit viel Alkohol – so „illuminiert" war, dass an ein Gespräch mit der Angebeteten nicht zu denken war. So besann sich der Kavalier Kurt – ganz in Cyrano-Manier – seiner Pflichten als Gentleman und unterhielt sich mit Gabi den ganzen Abend. Und zwar so intensiv, dass die beiden durchaus Gefallen aneinander fanden.

Doch wer ist Gabriele Gerszi? Sie stammt, wie bereits erwähnt, mit ihrer Familie aus Wien und kam im Alter von acht Jahren nach Retz, weil der Vater als Anstaltsleiter für die Caritas ein Erziehungsheim führen sollte. Das Familienoberhaupt, ein auf Bildung erpichter Mann, war streng in der Edukation seiner Kinder, was das Ausgehen betraf, liberal hingegen, was Besuche von Freunden im Familienkreis anging. So war Ulli, heute Gabis Schwägerin, als beste Freundin oft im Hause Gerszi zu Gast und fuhr auch mit in den Urlaub. Christian, der Bruder von Kurt, genoss die Atmosphäre im Hause Gerszi, delektierte sich an den Unterhaltungen über Literatur und Kunst und lieh immer wieder Bücher aus, die er mit dem Ratschlag, „sie zu hüten wie seinen Augapfel" auch bekam. Eingepackt in Zeitungspapier trug Christian den Schatz mit nach Hause, um ihn wie „ein rohes Ei" zu behandeln. „Nicht einmal die Retzer Bibliothek war so gut bestückt wie das Haus Gerszi", erinnert er sich.

Überhaupt gingen bei den Gerszis viele Menschen ein und aus, ja, es konnte sogar vorkommen, dass am Sonntagmorgen Gesichter am Frühstückstisch saßen, die niemand so genau zuordnen konnte. Aber das war nie ein Problem, erzählt Gabi. Das ist die eine Seite. Dafür kamen die Kinder am selben Nachmittag oft in den „Genuss" von Hörspielen – Heimito von Doderer war einer der Favoriten –, was nicht immer allen zur Freude gereichte. „Und als Sahnehäubchen ‚durften' wir lateinische Texte übersetzen, was immer ein besonderes ‚Highlight' war", erinnert sie sich.

Doch „mutatis mutandis", auch die Eltern der Gerszis passten sich der Zeit an. Wie es in Familien mit vielen Kindern üblich ist, wurden die gestrengen Sitten mit der Geburt jedes Sprösslings gelockert. Und bei Schwester Bärbel war es sogar so weit, dass sie ohne rechtliche Legitimation – sprich Ehe – mit ihrem Freund Beat in „schlampigen Verhältnissen" leben durfte. Soviel zu den Verhältnissen im damaligen Retz. Kurt wurde von Gabis Eltern mit großer Freundlichkeit aufgenommen, erzählt sie weiter. Die Mutter hatte ihn besonders ins Herz geschlossen, der Vater befand sich ein wenig in Abwarteposition, er

„prüfte" den Freund seiner Tochter auf Herz und Nieren. Seine Seriosität unterstrich Kurt damit, dass er dem jüngsten der Brüder das Flötenspiel beibrachte: Was soll man sagen? Kurt hat die Prüfung bestanden. Aber an dieser Stelle wollen wir wieder zu den beiden Verliebten zurückkehren: Aufgrund der damals herrschenden Moralvorstellung der Eltern hatte Kurt seine Angebetete um 18 Uhr von zu Hause abzuholen, um mit ihr in das nahegelegene Stadtcafé zu schlendern, wo sie mit 2,50 Schillingen jeweils ein Getränk konsumierten. Außer sich verliebt in die Augen zu blicken oder auf den 250 Meter hohen „Berg" Golitsch in der Umgebung zu spazieren, spielte sich zwischen den beiden (noch) nicht allzu viel ab. Um 22 Uhr war Zapfenstreich, Kurt brachte Gabi – wie mit deren Vater vereinbart – nach Hause, um dann noch mit seinen Freunden ein wenig die Gegend unsicher zu machen. Dass Gabi das nicht immer goutierte, dürfte klar sein, doch es ließ sich eben nicht ändern. Außerdem war die Liaison zu Beginn noch nicht von einer Ernsthaftigkeit getragen, die ein Schlafengehen Kurts gerechtfertigt hätte.

Eines Tages schlug die Stunde für Kurt und die wohlbehütete Gabi: Der erste Urlaub durfte geplant werden. Als „Aufsichtsperson" wurde Gabis elf Jahre jüngerer Bruder Andreas mit auf die Reise geschickt, denn so sah es die gesellschaftliche Konvention vor. Da dessen Bestechung mit einer Leberkässemmel und einer Limonade jeden Tag verhältnismäßig billig war, genossen alle diese Ferientage auf ihre Weise.

Obwohl Gabi und Ulli beste Freundinnen waren, bekam sie lange das Martyrium der Verliebten mit ihrem schwierigen Freund nur am Rande mit. Ullis Partner war im Familienkreis nicht gern gesehen, und so verwundert es nicht, dass Gabi die sich anbahnende Liaison mit Christian durchaus wohlwollend verfolgte. Auch für Kurt ging das in Ordnung, denn er wusste sowohl seinen kleinen Bruder als auch die beste Freundin seiner Frau in guten Händen. Überhaupt hatte Kurt immer gerne Menschen um sich, selbst wenn er von anstrengenden Geschäftsreisen nach Hause kam. Er freute sich unbändig auf Zeit mit seiner Familie, die er gerne auch mit Freunden teilte. Was er nicht goutierte: das Haus am Wochenende zu verlassen, um Besuche zu machen, da er viele Stunden seines Lebens alleine in Hotelzimmern verbracht hatte und noch verbringen sollte. Doch dazu später.

So lebten die beiden ihre Zweierbeziehung aus, jeder genoss seinen Freiraum, bis Kurts Reifeprüfung 1980 anstand. Durch die gemeinsame Zeit wurde den beiden klar, dass sie sehr viel mehr füreinander empfanden, als es zu Beginn den Anschein gehabt hatte. Zwar war Gabi bereits zwei Jahre früher als Kurt nach Wien übersiedelt, um sich ihrer Ausbildung zu widmen, doch der Kontakt war nie abgebrochen. Nachdem sie sich wieder gefunden hatten, fassten sie ins Auge, gemeinsam in Wien eine Wohnung zu mieten, doch sie hatten die Rechnung ohne beider Eltern gemacht. In Zeiten von Moral und Anstand war es undenkbar, dass ein unverheiratetes Paar zusammenlebt. Und so gingen sie in sich, berieten sich und befanden ihre Liebe für stark genug, bereits im zarten Alter von 21 Jahren den Schritt in die Ehe zu wagen. Die Zeit gibt den beiden Recht. Die Schmetterlinge im Bauch waren keine Täuschung und so sind sie heute stolze Eltern zweier Söhne und Großeltern mehrerer Enkelkinder.

An dieser Stelle dürfen wir auch das Rätsel um das Hin und Her von Kurts Nachnamen lüften. Kurt erblickte als geborener Exel das Licht der Welt und beglückte unter diesem Namen bis zum 21. Lebensjahr seine Mitmenschen. „Der Name Gerszi hat mir einfach besser gefallen", grinst er auf die Frage, wo denn der seine geblieben sei. Er nahm kurzerhand das „Gerszi" seiner Frau an und ist seitdem unter diesem Namen ein Begriff. Auch in dieser Sache ging Kurt seinen eigenen Weg, denn den Namen der Frau so mir nichts dir nichts anzunehmen, wurde von vielen nicht verstanden und war zudem erst seit dem Jahr ihrer Hochzeit möglich. Der Standesbeamte, ein Freund der Familie, fragte dreimal, ob es ihm wirklich ernst sei und ob er wisse, was er tue, was Kurt noch mehr in seinem Vorhaben bestärkte. Es war eine Bauchentscheidung, meint er heute und: „Gerhard" –

so hieß der Standesbeamte – „tua weiter!" Kurt wäre
nicht Kurt, wenn er zu dieser Zeit nicht auch aus der
Hochzeit einen Deal gemacht hätte: Gemeinsam mit
zwei Freunden wurde gewettet, wer der erste legale Vater würde – legal im Sinne von verheiratet. Der
Verlierer – also der frischgebackene Erzeuger – müsse
nach Frankreich fahren, um eine Kiste Champagner
zu kaufen und sie mit seinen Wettkumpanen zu leeren. Der Verlierer war ein Freund namens Alexander,
der tatsächlich die Schuld einlöste und 12 Freunde zu
24 Flaschen Champagner und allerlei anderen Genüssen einlud. Das Fest endete im Morgengrauen des
folgenden Tages.

Doch auch für das Ehepaar Gabi und Kurt Gerszi
sollte der Nachwuchs nicht allzu lange auf sich warten lassen. Am 26. April 1986 wurde das erste Kind
Florian geboren, am 12.1.1988 erblickte Philipp in
Wien das Licht der Welt. Manch eigene Charakterzüge konnten die Eltern recht bald auch an ihren
Kindern erkennen, ein besonders einschneidendes
Erlebnis war die Übersiedelung nach Vorarlberg.
So stellte sie für den 15-jährigen Philipp kein Problem dar, doch der 17-jährige Florian litt unter dieser
Situation enorm. Der Grund? Wie so oft die Liebe.
Wenige Monate vor dem Umzug hatte sich der Junge unsterblich verliebt. In Daniela. An eine Trennung
wollten beide nicht denken, und so wehrte er sich mit
Händen und Füßen gegen den Entschluss der Eltern.

Ja, er hatte sogar die grandiose Idee, bei den Großeltern in Retz zu bleiben, um nahe bei seiner Geliebten zu sein. Doch dieser Vorschlag war für die Eltern nicht einmal eine Überlegung wert. Im Gegenteil, bevor er seine Ausbildung nicht zu Ende gebracht habe, müsse er an ein Verlassen des Elternhauses gar nicht denken. Zähneknirschend fügte sich Florian dem „Wunsch" seiner Eltern, nutzte aber jede freie Minute, um mit dem Zug nach Retz zu fahren. Schließlich war auch diese Tortur überstanden, Florian beendete die Schule und übersiedelte wieder nach Niederösterreich – zu Daniela. Heute sind die beiden verheiratet und haben Gerszis mit zwei Enkelkindern gesegnet. Dass in dieser Zeit das Verhältnis zu den Eltern unterkühlt war, muss an dieser Stelle nicht extra erwähnt werden. Trotzdem haben beide – Vater und Sohn – ihren Kopf durchgesetzt, nach der Ausbildung gab es mit der Umarmung des Vaters ein mehr als versöhnliches Ende.

Das Verhältnis zu meinem Vater in meiner Jugend war nicht sehr prickelnd. Nachdem ich mit 19 Jahren von zuhause ausgezogen bin, hat sich die Beziehung wieder verbessert, da die Reibungspunkte weitgehend wegfielen. Mein größtes Problem mit ihm waren seine ständigen Jobwechsel und seine Arbeitslosigkeit.

Als mein Vater den Schlag erlitt, arbeitete ich auf einem Dach in Neusiedl und erfuhr dort, dass er eine Gehirnblutung hatte und auf der Intensivstation lag. Als ich ihn in Feldkirch besuchte, war dies kein alltäglicher Anblick. Mit der Ungewissheit, ob ich weiterhin einen Vater haben werde oder nicht, verließ ich Vorarlberg.

Nach langem Warten ging die Sache – aus heutiger Sicht – für meinen Vater, mich und meine Familie gut aus. Er ist zwar manuell ein wenig eingeschränkt, das ständige Sprechen über seine Krankheit kann nerven, aber ich denke, er bekommt das in den Griff. Sicherlich ist es kein leichtes Leben, wenn vorher alles möglich war und später nur mehr ein Teil des Körpers funktioniert. Doch die Wiederherstellung seines Gesundheitszustandes ist jetzt sein Job. Ein gesunder Mensch kann nicht nachvollziehen, wie es ist mit einer Behinderung zu leben.

Mit der großartigen Unterstützung meiner Mutter werden ihm viele Dinge abgenommen. Trotz allem liebe ich meinen Vater – Tschubaka – und meine Mutter – Mutter Theresa – und wünsche ihnen weiterhin Glück und Gesundheit.

(Florian Pollak, Sohn)

„Florian ist Kurt sowohl im Denken als auch in der Statur ähnlich", erzählt Gabi. Philipp hingegen habe eine andere körperliche Konstitution. Nach der Schule absolvierte Florian seinen Präsenzdienst in Niederösterreich, ging dann nach Retz zurück und ist heute im Spenglereibetrieb seiner Schwiegereltern tätig. Nach Lehre und Meisterprüfung absolvierte er die Dachdeckerausbildung und muss sich heute über mangelnde Auslastung nicht beklagen. In einer kleinen Anekdote illustriert Kurt die Erfindungsgabe seines Sohnes: Als Florian eines Tages im Kleinkindalter eine Böschung hinunterkrabbelte und sich dabei mehrmals überschlug, warnte ihn Vater Kurt vor einem nochmaligen Versuch, was den Kleinen nicht im geringsten zu beeindrucken schien. Im Gegenteil, er bewegte sich wieder die Böschung hinauf, setzte sich auf den Hosenboden und rutschte den Abhang hinunter. Einfach so. Das Ergebnis waren ein freudiges Kreischen und viel Spaß. Not macht eben erfinderisch.

Philipp, der zur Zeit des Umzuges 15 war, hatte keine Probleme mit der Umstellung. So wie die ganze Familie fand er schnell Freunde und fühlte sich bald wohl im Ländle. Trotzdem ließen Gerszis den Kontakt zu ihrer Retzer Heimat nie ganz abbrechen. Auch Philipp ist in festen Händen, seine Frau Stefanie und er wohnen in Nüziders. Philipp ist für Red Bull im Verkauf für das Tiroler Oberland und Vorarlberg tätig und arbeitet in seinem Home-Office.

In einigen Bereichen sei er schon autoritär gewesen, gibt Kurt zu. Die Freizeit der Kinder habe sich beispielsweise immer nach deren schulischen Erfolgen gerichtet, erzählt er. Und grinst dabei: „Ich war immer der Strenge, Gabi die Umgängliche." Trotzdem sei es bei Gerszis zu Hause viel lockerer als in deren eigenem Elternhaus zugegangen.

Wie das Verhältnis der Buben zueinander war? Auch an dieser Stelle können die Eltern mit einer Anekdote aufwarten: Anlässlich einer vermeintlichen Italienreise habe Florian den Bruder mitten in der Nacht geweckt. Es gehe los, habe er ihm erzählt. Und sich wieder schlafen gelegt. Der arme Philipp saß bis zum Morgen in voller Montur auf seinem Bett und wartete und wartete und wartete. Wann sie denn endlich fahren würden, wollte der Kleine wissen. Dieses war der erste Streich.

Außerdem sei er immer stolz gewesen, die Kleidung des älteren Bruders tragen zu dürfen. Auch das ein Zeichen von Bruderliebe. Dass Philipp damit gut gefahren ist, zeigt die Tatsache, dass Florian in der Pubertät „sehr modebewusst gewesen sei", grinsen Gabi und Kurt unisono. Er habe manchmal bis zu zwei Stunden für den Kauf einer Jeans gebraucht. Das habe Philipp immer topmodische Kleidung beschert. Heute kauft ihm seine Frau Daniela die Kleidung. Nach der Ponsblutung kamen beide Kinder mit ihren Familien so schnell als möglich ans Krankenbett.

Florian war vier Tage im Land, musste dann aber wieder nach Retz, da der Betrieb nicht so lange allein bleiben durfte. Er ertrug die Situation anders als der Bruder, da er immer an eine – teilweise – Genesung des Vaters glaubte. Philipp hingegen habe es kaum ertragen, den Vater so hilflos und krank vor sich liegen zu sehen. Er musste sich überwinden, in die Intensivstation zu gehen, erzählt Gabi. Und: Das Gespräch über die Krankheit war nie ein spezielles Thema, die Familie habe die Situation so hingenommen, wie sie sich präsentierte. Zu dieser Zeit waren viele Menschen an der Seite der Gerszis, um ihnen Halt zu geben. Auch der Trauzeuge Peter, der ursprüngliche Verehrer von Gabi, kam nach Vorarlberg.

ZU HAUSE
IN DER PROVINZ

An dieser Stelle scheint ein kleiner Exkurs angebracht. Zum einen fällt auf, dass die Menschen um Kurt Exel, heute Gerszi, noch immer in engem Kontakt miteinander und mit ihrer Heimat stehen, zum anderen ist es ein lohnendes Unterfangen, den Menschenschlag aus dieser Ecke Österreichs auch einmal aus ihrer geographischen Lage zu erklären. Retz ist eine kleine Gemeinde, die das Stadtrecht besitzt und heute etwas mehr als 4000 Einwohner zählt. Der Ort liegt nur drei Kilometer von der tschechischen Grenze entfernt, die von den Bewohnern dieses Landstrichs zu Zeiten des Kommunismus auch als „tote Grenze" bezeichnet wurde. Als Kurt und seine Freunde in jugendlichem Alter waren, verlief der Eiserne Vorhang quer durch Europa und streifte – wenn auch unsichtbar – das Örtchen in Niederösterreich. Ob die Menschen diese Nähe zum Ostblock spürten? Auch hier haben die Gerszis wieder zwei Geschichten auf Lager: Als ein Junge beim Fliegenfischen die Leine über die Grenze bei Hardegg an der Thaya warf, ertönte sogleich ein Schuss, der wohl als Warnung gedacht war. Selbst gehört, wie uns Kurt glaubhaft versichert.

Ein anderes Mal tranken Kurt und seine Kollegen mit den beiden anwesenden Grenzern in Hardegg eine Kiste Bier, zum Gaudium aller, versteht sich. Als sie am nächsten Tag wieder an der Grenzbrücke vorbeikamen, war von den Polizisten keine Spur mehr zu sehen. Sie seien abgezogen worden. Warum?

Darüber herrschte tiefes Schweigen. Ein Schalk, wer hier Zusammenhänge vermutet. Überhaupt hatten die Kinder die strikte Anweisung von Eltern und Aufsichtspersonen, sich beim Spaziergang auf den Wegen und durch die Weinberge an die Grenzmarkierungen zu halten und keinesfalls vom Weg abzukommen. So gab es immer eine unsichtbare latente Gefahr, die die Menschen begleitete.

Ansonsten gab es in Retz zur damaligen Zeit wenig Zerstreuung: Drei Heurige, ein Kino, eine „Jugendbude", ein Kaffeehaus und das Bad, wo sich die Jungen im Sommer trafen, das war das Angebot. Trotzdem sei ihnen nichts abgegangen, wie die Gerszis betonen. Sie hätten ja auch nichts anderes gekannt, ist der Zusatz. Das Vereinsleben war intakt und von großer Bedeutung. Doch viele Jugendliche haben nach ihrer Ausbildung die Kleinstadt verlassen, um nach Wien oder in andere Städte zu ziehen, da es damals nicht möglich war, einen guten, spannenden und lukrativen Job in der Nähe zu finden.

Heute ist der Ort sehr touristisch und als Weinbaugebiet bekannt. Die Jungen sind innovativ und kreativ, die Mentalität der Menschen habe sich geändert, sie haben aus ihrem Ort eine sehenswerte Gemeinde gemacht: Der Hauptplatz von Retz gilt als einer der schönsten und größten Marktplätze Österreichs. Das Verderberhaus, das sich dort befindet, ist im venezianischen Renaissancestil erbaut.

Die Barock- und Biedermeierbauten verleihen dem Hauptplatz, der sich auch unterirdisch durchqueren lässt, südländisches Flair. Der Retzer Erlebniskeller ist der größte Weinkeller Mitteleuropas und mit 21 Kilometern Länge und 30 Metern Tiefe der größte, zusammenhängende Keller, in dem noch vor 50 Jahren ein Großteil der Weinbestände der Gegend gelagert wurde. Die Weinstadt Retz ist außerdem Mitgliedsgemeinde der „Weinstraße Weinviertel", wo sich auf insgesamt 132 Kilometern eine der größten Weinlandschaften Österreichs erschließt. Soviel zur Kleinstadt Retz.

BIS DASS DER TOD EUCH SCHEIDET

Eines haben die Familien Gerszi und Exel gemeinsam: Sie waren sehr kinderreich: Kurt hat drei Geschwister, Gabi deren sogar vier. Eine weitere Gemeinsamkeit, die den beiden anhaftet: Sie waren die ältesten im Verbund der Kinder und ebneten damit den Weg für ihre Nachfolger. Was für sie noch hart erkämpft werden musste, fiel den Kleineren quasi in den Schoß – je jünger desto leichter. Und: Beide nahmen die Verantwortung, die auf ihnen als den Ältesten lastete, wahr. Kurt war der Taufpate seiner Schwester Beate und Gabi kümmerte sich in vielen Belangen um die Kleinen. Das ging sogar so weit, dass sie sich so lange Sorgen machte, bis ihr jüngster Bruder Andreas von seinen nächtlichen Vergnügungen gesund zu Hause im eigenen Bett lag.

Wenn man mit Menschen, die nicht zur Familie gehören, über die Familie spricht, wird immer wieder die besondere Liebe und Zuneigung und die Affinität zu Bildung angesprochen, die das Klima in Gabis Elternhaus geprägt hat. So hat sich auch Kurts Bruder Christian sehr viel bei den Gerszis von der Seele geredet, was ihn bewegt hat, mit welchen Augen er die Welt sah, kurz: Er disputierte über sein Befinden.

Bei Exels ging es etwas „robuster" zu, wie sich Kurt und Christian erinnern. Doch eines streichen auch sie hervor: Sie waren jederzeit bestens versorgt und die Eltern waren sehr darauf erpicht, ihren

Kindern einen optimalen Start ins Leben zu ermöglichen. Im Ort galt die Familie als „anständig" und genoss demzufolge ein hohes Maß an Ansehen. Das bestätigt auch Christians Gattin Ulli, deren Mutter es begrüßte, dass die Tochter – die sich selbst übrigens als „nicht übermäßig sportlich" bezeichnet" – bei Kurt Tennisstunden nahm. Allein: Es blieb nach dem Kauf eines Schlägers im 60 Kilometer entfernten Stockerau – damals ein ordentliches Stück Weges – und der zugehörigen Ausrüstung bei dieser einen Stunde.

Auffallend ist die hohe Selbständigkeit, die die Kinder, allen voran Kurt, schon in ihrer Jugend entwickelten. Zum einen war es Selbstschutz, denn die Eltern sollten ja nicht alles wissen, was sie in ihrer Freizeit trieben, zum anderen war es auch der Situation geschuldet, denn beide Elternteile waren berufstätig. Auch das weibliche Geschlecht hat es Kurt bereits in frühen Jahren angetan: Bis er Gabi kennenlernte, gab es mehrere Freundinnen in seinem Leben. Kurt hatte mit seiner weltoffenen und direkten Art nie ein Problem, auf Menschen – und eben auch auf Mädchen – zuzugehen. Dieser Charakterzug wurde bei seinen Altersgenossen hoch geschätzt, und so avancierte er schnell zum jungen Mann, mit dem man – und frau – sich gerne zeigte. An dieser Stelle sei auch der Zeitpunkt des ersten Kusses zwischen Gabi und Kurt verraten – sie waren 17.

Ein weiterer wesentlicher Charakterzug, der Kurt immer ausgezeichnet hat, sei seine „extreme Verlässlichkeit", wie Gabi und Ulli bestätigen. Zum einen konnte man sich immer auf sein Wort verlassen. Er war pünktlich und immer da, wenn er es versprochen hatte. Er kümmerte sich um Dinge, die nicht nur ihn alleine betrafen und sah sich auch als Vertreter für andere. Das zeigt sich heute noch in seinem Engagement für die Selbsthilfegruppe „Net lugg lo", die er im Montafon installiert hat. Zum anderen trank er, wenn er am Steuer saß, nie auch nur einen Tropfen Alkohol, sodass die Mitfahrer und auch deren Eltern sicher sein konnten, dass sie wieder gesund zu Hause ankommen würden.

Ein weiterer Charakterzug, der Kurt bis zum heutigen Tag auszeichnet, ist sein Ehrgeiz. Kurt war – so unsere Gesprächspartner – Zeit seines Lebens nie jemand, der nur plauderte. Im Gegenteil, er setzte das um, was er sich vorgenommen hatte. Und das mit dem bestmöglichen Ergebnis. Was ihn nicht interessierte, erledigte er schnell und mit minimalem Aufwand, um für die Dinge, die ihn interessierten, genügend Zeit zu haben. Ein Abbild dieses Charakterzuges waren seine Leistungen in der Schule. Beim Elternsprechtag bekamen die Eltern immer wieder zu hören: „Er wär' ja ein g'scheiter Kerl. Aber so faul." An dieser Stelle müssen wir Einspruch erheben. Die – vermeintlich – mangelhaften Leistungen in der Schule hatten nichts mit

Faulheit zu tun, sondern schlicht und einfach mit zu kurzen Tagen. Denn Kurt war es wesentlich wichtiger, sich der Arbeit und dem Geldverdienen zu widmen als ein Vorzugsschüler zu sein. Er lernte damals bereits fürs Leben. Und so war er immer erpicht, seine Noten nicht zu sehr absacken zu lassen, um sich – für ihn – weit interessanteren Themen widmen zu können. Er verlagerte seine Zeit und war dadurch sehr früh selbstbestimmt.

Zu seinem Glück wussten die Eltern nicht allzu viel von seinem Organisationstalent, da sie ihm sonst wohl einen Riegel vorgeschoben hätten. „Aber durch meine Aktivitäten in Schule, Musik und Sport habe ich sehr viel für mein späteres Leben gelernt", ist er überzeugt. Denn nur so konnte er seine kommunikative Kompetenz, wie er sie in seinem Beruf benötigte, entwickeln. Sie half ihm nicht nur einmal in der Diskussion mit dem Vater, den er mit seinen Argumenten des Öfteren aus der Ruhe brachte. Er selber behielt in solchen Gesprächen – sei es mit dem Vater, aber auch im Beruf – immer kühlen Kopf und konnte seine Standpunkte dar- und belegen.

Ein bisschen von seinem Ruhekissen hat Kurt – so Gabi – nach seiner Gehirnblutung verloren. Sie sei einer temporären Ungeduld gewichen, die ab und an von ihm Besitz ergreife und sein Umfeld manchmal „nerve".

Außerdem war Kurt schon in jungen Jahren sehr ordnungsliebend. Das sei übrigens eine Eigenschaft, die die Söhne mit dem Vater teilen. Er habe Struktur und Ordnung ins Leben seiner Kinder gebracht. So wusste er, wie viele Äpfel – theoretisch – noch im Keller sein müssten. Wenn da nicht die Kinder gewesen wären. Akribisch war er auch – wie sein Sohn Kurt – in der Einnahmen- Ausgabenrechnung für den Haushalt. Diese Zielstrebigkeit ist heute – nach dem Schlaganfall – für Kurt ein besonders wichtiger Charakterzug, denn so weiß er, wie sein Leben ohne große Komplikationen ablaufen kann. Liegen die Utensilien des Tages immer an derselben Stelle in der gleichen Position, so kann er davon ausgehen, dass er sich in deren Gebrauch zurecht findet. Ist nur ein Gegenstand an einer anderen Stelle, so kann es mitunter unmöglich werden, diesen fachgerecht zu gebrauchen, angefangen vom Rasierapparat, der für ihn unauffindbar wird, über den Wasserkrug, den er mit der falschen Hand nicht heben kann, bis hin zur Computermaus, die für die rechte Hand unbedienbar ist. Kurt denkt viele Schritte voraus, um sein Leben möglichst komplikationslos führen zu können.

Er war immer von seiner Arbeit beseelt. Das, was er tat, tat er gerne und mit großer Leidenschaft. War er während der Woche im Außendienst unterwegs, so kümmerte er sich am Wochenende mit derselben Leidenschaft um seine Familie. Ja, er nahm sie zeitweise auch mit auf Reisen, um seinen Liebsten die Welt zu zeigen und sie bei sich zu haben. Gabi genoss, es, fremde Länder zu sehen, und nahm die willkommene Abwechslung des Alltags gerne an. „Unterkunft und Flüge habe ich immer selbst bezahlt", betont er und offenbart damit eine weiteren Charakterzug, der so selbstverständlich nicht ist: seine Ehrlichkeit.

Nach Kurts Konkurs im Jahre 1994 starb Gabis Vater ganz unerwartet kurz nach seiner Pensionierung. „Ein Seuchenjahr", wie Gabi betont. Da die Mutter alleine im neuen Haus war, zog die Familie Kurt und Gabi Gerszi zu ihr, um das Heim mit Leben zu füllen. Was als gute Idee begann, endete mit dem baldigen Auszug der vierköpfigen Familie, denn das Zusammenleben der drei Generationen gestaltete sich überaus schwierig. Sie zogen in eine Wohnung in der Nähe und Kurt arbeitete so viel, wie es ihm die Zeit erlaubte, um möglichst schnell seine Schulden aus dem Konkurs zu tilgen. So befreite er nachts die Schienen der Wiener Straßenbahnen vom Eis. Trotzdem verlor er nie seine Zuversicht, denn er war sich sicher, dass er beruflich wieder auf die Beine kommen würde. Dieser Charakterzug ist wohl der prägendste des Kurt Gerszi, der ihn auch heute noch durch sein Leben geleitet. So lernte er schnell, sein Schicksal nach der Gehirnblutung anzunehmen. Die Summe seiner Eigenschaften brachten ihn dorthin, wo er heute ist: Er kann sich wieder bewegen, an der Welt teil haben, seine Kinder und Ekelkinder sehen, mit ihnen lachen, weinen, sich freuen, wundern. Und: Das Leben hat Qualität. Es ist schön.

WIE EIN TAG EIN LEBEN VERÄNDERT

In den Tagen und Wochen vor der Gehirnblutung war alles wie immer, erzählt Kurt. Sie waren einige Wochen vorher in Zermatt, wo sie auf den Gornergrat gewandert waren, und Kurt hatte noch ein paar Mal Tennis gespielt. Überhaupt war er bis zu seinem Unfall auch im mittleren Lebensalter noch ein sportlicher Mann. Lange Wanderungen, zu denen die Familie mit Freunden oft schon frühmorgens aufbrach, und sein geliebtes Tennisspiel zählten zu den regelmäßigen Aktivitäten. Aber nur samstags, wohlgemerkt. Denn der Sonntag gehörte dem Herrn. Und Kurt. Am Sonntag stellte er sich an den Herd, um seiner Gabi ein Festmahl zu zaubern. Das konnte auch mehrere Stunden in Anspruch nehmen, wie er bestätigt und wie wir Kurt und seinen Perfektionismus kennengelernt haben. Die Küche und alles, was an diesem Tag außerhalb des Backrohres passierte, war sein Revier. Der Ofen war Gabis Territorium. Für ihn gab es kochtechnisch nichts, was ihn abschreckte. Besonders angetan hatte es ihm die Kochkunst von Betty Bossi. Und wenn er nach dem Abwasch die Küche wieder verlassen hatte, war alles pikobello sauber, lobt Gabi ihren Kurt. Keine Selbstverständlichkeit, wie wir meinen. Für Kurt, der vor seiner Gehirnblutung längere Zeit arbeitslos war, war die Küche ein Ort, wo er sich entspannen, sich ablenken konnte. Auch die berühmten Kässpätzle habe er zuzubereiten gelernt, ist er sichtlich stolz auf seine Künste. Weitere Aktivitäten in ihrem Leben waren regelmäßige Städtereisen und Besuche bei und von Freunden. Sie lebten wie jede andere Familie auch, meinen sie unisono.

Doch am 29. September 2010 sollte das Leben der Gerszis innert weniger Stunden auf den Kopf gestellt werden. Am Morgen deutete noch nichts darauf hin. Ein paar Verspannungen quälten ihn seit längerem, Rücken und Schultern waren davon betroffen. „Sonst nix", erzählt Kurt. Und so nahm er ein Aspirin. Als das nichts half ein weiteres. Und wieder noch eines. Bis die Schmerzen weniger wurden. Anschließend ging er mit der Dosierung wieder zurück. Aber er nahm bis zur endgültigen Absetzung noch einige Stück. Ein fataler Zufall, wie er heute weiß, denn Aspirin verlangsamt die Blutgerinnung, was im Fall seiner Gehirnblutung zu einer Verschärfung der Situation führte.

Bereits am Morgen des 29. fühlte er sich nicht besonders gut. Er war, wie es Usus im Hause Gerszi war, bereits sehr früh – gegen halb sechs, wie er präzisiert – aufgestanden, um sich gebührend auf den Tag vorzubereiten. Der Morgen verlief in relativer Stille, jeder hing seinen Gedanken nach. Erst nach der ersten Zigarette und dem ersten Kaffee auf dem Balkon kam die Konversation erfahrungsgemäß in Gang. Dort besprachen die Eheleute die Agenden des Tages, planten die Wochen oder Wochenenden, plauderten ein wenig, bevor der Berufsalltag sie einfing. Anschließend folgten beider Morgentoilette und das Frühstück, um dann – jedenfalls meistens – bei einer zweiten Zigarette noch ein wenig zu plaudern. Anschließend ging Gabi kurz vor, Kurt kurz nach sieben aus dem Haus. „Gabi hat nie besonders viel gefrühstückt", erinnert sich Kurt. Bei ihm sei das schon ein wenig anders gewesen. Er habe sich genussvoll auf seinen Tag vorbereitet. Und da gehöre eben ein gutes Frühstück dazu. Doch dieser Morgen war anders. Die erste Zigarette war in Ordnung, die zweite schmeckte ihm nicht mehr, sodass er sie bald ausdämpfte.

Überhaupt war Kurt Gerszi Zeit seines Lebens zwar Raucher, doch viele seiner Zigaretten seien im Aschenbecher verpufft. In den letzten zehn Jahren hatte er etwa zehn am Tag geraucht, zu seiner „besten" Zeit fanden ein bis zwei Schachteln den Weg in seine Lungen. Wie in allem hatte Kurt auch beim Rauchen seine Prinzipien: Bevorzugt genoss er die Marke Camel, wenn diese nicht erhältlich war, wendete er sich Peter Stuyvesant zu, und wenn auch diese Marke nicht erhältlich waren, stieg er um auf Gauloises. Und wenn alle drei ausverkauft waren, verzichtete er eben. In der Wohnung und im Auto wurde nicht geraucht.

Auch Gabi raucht seit ihrem 16. Lebensjahr, heute belässt sie es bei fünf Zigaretten pro Tag. Den Kindern wurde das Rauchen nie verboten, sie wurden jedoch gebeten, dies nicht in Gegenwart der Eltern zu tun. Und so rauchen beide Söhne praktisch nicht. Gabi verließ also wie immer das Haus, um zu ihrer Arbeitsstelle bei der praktischen Ärztin Alexandra Steininger zu gehen, die sich etwa zehn Gehminuten von der Wohnung der Gerszis in Tschagguns befindet. Kurt setzte sich wenig später in seinen Skoda Fabia Kombi, weil er an diesem Tag einen Termin wahrzunehmen hatte. Heute steuert Gabi einen SUV der Marke Hyundai, damit Kurt nicht zu tief sitzt, was sein Gleichgewichtsgefühl zusätzlich stören würde.

Die Besprechung war auf neun Uhr angesetzt und dauerte bis nach elf, sodass Kurt vorher noch die eine oder andere Erledigung tätigen konnte. Bereits während des Gesprächs hatte er das Gefühl, dass es ergebnislos verlaufen würde, und so hakte er diesen Termin innerlich bald ab. Anschließend ging er zum Auto, wo er eine weitere Zigarette rauchen wollte, die ihm aber wieder nicht schmeckte, sodass er sie wegwarf. Er spürte ein diffuses Unwohlsein, setzte sich ins Auto und fuhr nach Hause. Dort angekommen sperrte er sie Türe auf, betrat die Wohnung … und weiß nicht mehr, was dann passiert ist. Die folgenden zehn Tage seiner realen Welt, wie er sie bis dahin gekannt hatte, sind ausgelöscht. Diese Zeit erlebt er in einem anderen Kosmos, umgeben von schwarzen Figuren ohne Gesicht und dem Zischen von Schlangen. Irreal, für Außenstehende unvorstellbar.

Gabi erzählt, dass Kurt sie am 29. September zwei Mal angerufen habe. Beim ersten Mal, als er sie vom Auto aus erreicht, klagt er über starke Kopfschmerzen. „Mir dröhnt der Kopf, als wolle er zerspringen. Ich fahr jetzt heim", hört sie ihren Mann sagen, was zwar sehr selten, aber auch schon vorgekommen ist. So machte sie sich keine Sorgen. Der zweite Anruf war wesentlich ernster.

Das Telefon klingelt, Gabi nimmt den Anruf entgegen. Sie erkennt seine Stimme, versteht aber nicht, was er artikuliert. „Kurt klingt, als wäre er betrunken", kommt es Gabi in den Sinn. Von diesem Telefonat weiß er heute nichts mehr. Jetzt macht sich Gabi doch Sorgen. Große Sorgen. Sie eilt zu ihrer Chefin Alexandra, lässt alles liegen und stehen und ist in zwei Minuten bei Kurt. Die Assistentin in der Ordination hat in der Zwischenzeit den Notarzt verständigt, der innert weniger Minuten im Pfiferweg eintrifft. Als Gabi und Alexandra die Haustür öffnen, finden sie Kurt am Boden liegend, die Hose fein säuberlich zusammengefaltet. Was jetzt passiert, nimmt sie nur mehr in einem Watteschleier wahr. Sie steht neben sich, wie sie heute aus der Distanz rückblickt. Alexandra, die noch vor dem Notarzt eintrifft, legt eine Leitung für die Infusion, misst den Blutdruck und unternimmt die ersten Schritte der Notversorgung. Kurt war zu dieser Zeit bei Bewusstsein, konnte aber kaum reden. Irgendwie gelang es ihm aber, Alexandra mitzuteilen, welche Medikamente – das vorher erwähnte Aspirin – er zu sich genommen hatte.

Auch der Notarzt ist inzwischen eingetroffen. Er strahlt die nötige Ruhe aus, veranlasst die weiteren Schritte und sorgt dafür, dass Kurt mit Blaulicht nach Bludenz ins Krankenhaus überstellt wird. An den Arzt kann er sich noch vage erinnern. Eine Gestalt, groß und hager sei um ihn herumgegangen, habe ihn betrachtet und große Ruhe ausgestrahlt, erzählt er, der seinen Helfer nur verschwommen und irreal wahrnimmt.

In Bludenz wurde eine Computer-Tomographie vorgenommen, durch die eine Blutung am Hirnstamm diagnostiziert wurde. Durch die komplizierte Lage des Aneurysmas konnte es nicht abgezogen werden, auch ein Öffnen des Schädels war nicht möglich. Gabi fuhr sofort nach Bludenz, wo sie Kurt noch einmal kurz sehen konnte. Er habe sich geärgert, dass man ihm das schöne Hemd aufgeschnitten habe, erinnert sie sich. Die Prognose der Ärzte war keine besonders gute, die Chancen stünden schlecht, bekommt sie unverblümt mitgeteilt. Und: Sie solle jetzt heimgehen, da sie im Moment nichts mehr tun könne. Ihre Kollegin brachte sie nach Hause, wo sie versuchte, zu sich zu kommen. An diesem Tag war an Arbeit nicht mehr zu denken. Dafür erschien sie am nächsten Tag wieder in der Ordination, denn Arbeit war in dieser Zeit die beste Ablenkung, wie sie heute sagt.

Trotz Wochen des Bangens hat Gabi ihre Arbeit weitergeführt. Zuerst die Freude, Kurt wird leben. Dann überraschende Fortschritte, und doch schwere Einschränkungen. Kurt musste einen unglaublichen Lebenswillen, Mut, Vertrauen und viel Liebe um sich haben, um diesen Weg zu gehen. Als ich dann mit Kurt ein längeres Gespräch führen konnte, dachte ich, zum Glück ein Mann, der gerne spricht, seine Gedanken und Gefühle äußert , ein Mensch mit Interessen, ein Mensch, der Unterstützung annimmt und selbst aktiv an seiner Rückkehr ins Leben arbeitet.

Wir sehen einander in größeren Abständen, und erst kürzlich durfte ich sein erstes Bergerlebnis am Hochjoch miterleben. Ich beobachte natürlich Ängste, Ärger, Ungeduld, aber Kurt scheint sich diesen Gefühlen zu stellen, sie anzunehmen, denn sie sind normal, aber er ist genauso offen den freudvollen, ehrgeizigen, dankbare, neugierigen Gefühlen. Langsam scheint sich Kurt auch mehr an dem zu orientieren, was er kann und nicht daran, was noch nicht möglich ist. Das ist schon im Leben ohne Krankheit nicht einfach, da wir uns ja ständig vergleichen und unseren Selbstwert davon abhängig machen, was wir können. Jeder Schritt zählt, im wahrsten Sinne des Wortes, denn die Gehstrecke wird länger und gleichzeitig passieren auf allen Ebenen Entwicklungen – das Sprechen, die Gestik, die Funktion der Hand. Und der Geist ist sowieso rege!

Kurt geht seinen Weg, begleitet von einer wunderbaren Frau, seinen Söhnen. Im Austausch und Miteinander mit anderen Menschen geht er auf sie zu.

(Alexandra Steininger, prakt. Ärztin)

Am nächsten Tag bekommt Gabi einen Anruf aus Feldkirch, wohin Kurt mittlerweile überstellt worden ist. Mit dem Sohn Philipp besucht sie ihn, Kurt ist jetzt sediert und apathisch. Trotzdem erkennt er Gabi und kann ihre Hand drücken. Er liegt nicht im Koma. Während seiner Zeit in Feldkirch ist Kurt sehr unruhig, wälzt sich Bett und scheint einen Kampf auszufechten. Einen Kampf auf Leben und Tod.

AUF MESSERS SCHNEIDE

Ringsherum ein Ziehen und Zerren, begleitet von einem ständigen Zischen. Hinter dem Vorhang. Unter mir. Neben mir. Über mir. Wo ist unten, wo oben? Ich bin im Käfig. Im Käfig aus Glas. Keine Menschen um mich. Ich bin allein. Drehe mich. Wende mich. Schwarze Männlein nähern sich. Striche, Zeichnungen. Harmlos? Sie bewegen sich. Sie springen, hüpfen, tanzen. Ein fröhliches Miteinander? Ein Reigen der Verdammnis! Gerade. Keine Wölbung, kein Geschlecht. Schemenhaft. Undifferenziert. Eine Masse von schwarzen Strichen. Sie drehen sich in scheinbarer Unordnung. Formieren sich neu. Setzen sich zusammen. Ein ums andere Mal. Zerfallen wieder. Ein ständiges Wuseln und Zischen. Es dröhnt in meinem Kopf. Das Sausen und Brausen nimmt ab, nimmt zu. Wie Wellen, die sich am Strand brechen. Der Lärm ist allgegenwärtig. Hört nicht auf, beherrscht mein Bewusstsein. Ohne Anfang. Ohne Ende.

Die Strichmännlein dominieren die Szene. Sie sind allgegenwärtig. Überall. Sie sind oben, unten, rechts, links. Sie haben nicht Kopf noch Bauch. Sie sind Linien. Nur Linien. Wie früher. Als Kind. Die Sonne rechts oben auf dem Blatt. Gelb. Mit einem Lachen, das auf das Meer von Linien herunterblickt. Ein Haus mit einem Giebeldach. Davor die Familie. Vater, Mutter, Kinder. Aus Strichen. Die einen größer, die anderen kleiner. Auf einem grünen Teppich. Der Himmel blau. Nicht bedrohlich.

Bis heute. Keine Farbe. Nur Grau. Und Weiß. Und Schwarz. Das Wimmeln wird immer wilder, der Tanz ekstatischer. Es werden immer mehr. Sie kommen aus allen Löchern. Ecken. Enden. Ameisengleich. Sie überschwemmen den Käfig. Meinen Käfig. Ich bin eingeschlossen. Kann mich kaum bewegen. Sie zerren mich. Sie kommen näher. Hinterlistig. Wollen mich zwicken. Fassen. Zerren. An den Händen. An den Füßen. Sie zupfen an meinem Käfig. An meinem Bett. Meiner Decke. Sie sind vorsichtig. Warten. Warten auf meine Unachtsamkeit. Kommen näher. Weichen zurück, wenn ich mich wende. Wenn ich mich wehre. Wie Raubtiere. Sie belauern mich. Beobachten mich. Beschnuppern mich. Studieren mich. Keinen Schritt weiter. Ihr kriegt mich nicht.

Ich wehre mich. Kämpfe. Lasse sie nicht näherkommen. Bin überall zugleich. Jede Bewegung ist langsam. Bereitet mir unsägliche Anstrengung. Ich muss schnell sein. Kann es nicht. Bin allein. Mitten im Käfig. Aus Glas. Eingesperrt. Meiner Freiheit beraubt. Meine einzige Waffe: ein Vorhang aus dem Nichts. Farbloses Textil. Glatt. Ich fasse es. Ziehe es. Werfe es. Packe den Stoff. Werfe ihn über die schwarzen Kreaturen. Erstickt! Sie stieben auseinander. Ohne Ordnung. In alle Richtungen. Zerstören ihren Kampfverband, um sich gleich wieder zu sammeln. Zu formieren. Um den nächsten Angriff zu starten. Rastlos. Ruhelos. Keine Zeit zum Atmen. Wieder

greifen sie an. Von zwei Seiten diesmal. Wie ein Heer. Ein Heer von schwarzen Männlein. Strichen. Punkten. Einzeln harmlos, in der Masse gefährlich. Die Bedrohung wächst. Wird immer größer. Was wollen sie. Weg. Weg von mir.

Da. Zwei berühren mich. Jetzt wieder. Weg. Ich ersticke euch. Kein Entrinnen. Ich begrabe sie unter dem Textil. Ich ziehe den Vorhang weg. Nichts mehr. Die Angriffe nehmen nicht ab. Ich kämpfe. Wehre sie ab. Sie schaffen es nicht. Können mir nichts anhaben. Sie kommen mir nicht zu nah. Rundherum wehre ich sie ab. Das Zischen wogt. Auf und ab. Einmal höher, dann tiefer. Bäche von Blut in meinen Ohren. Sie rauschen. Wie Wildbäche im Frühling, wenn sie das Schmelzwasser aus den Bergen mit sich führen. Tosend. Brausend. Bedrohlich. Immer lauter werdend. Der Tanz der Männlein bewegt sich zum infernalischen Lärm. Immer wilder in der Bewegung. Sie formieren sich. Zu einem letzten Angriff. Zu einem Aufbäumen. Zu einem finalen Schlag. Sie stürzen sich auf mich. Wie ein Heer von Ameisen, das seine Beute bedeckt, um es in seinen Bau zu zerren. Es dem ewigen Kreislauf der Natur einzuverleiben.

Wir nähern uns der Entscheidung dem Höhepunkt. Zwei Gegner. In einem Raum ohne Grenzen. Ein Käfig, der mich behindert. Ansonsten Leere. Nur ich, die lebenden Linien, der Vorhang und der Zwang. Keine Pause. Kein Verschnaufen. Keine Ruhe.

Der Kampf wogt. Hin und her. Gewinnt an Intensität. Ebbt ab. Eine Sekunde? Eine Stunde? Ein Tag? Ich weiß es nicht. Zeit spielt hier keine Rolle. Ich fühle sie nicht. Spüre sie nicht. Keine Sonne. Kein Regen. Keine Wolken. Kein Tag, keine Nacht. Keine Ablenkung. Die Männlein hüpfen hin. Hüpfen her. Immer wilder. Wollen mich. Geben nicht Ruhe. Geben nicht auf. Euch zeig ich' s. Kurt Gerszi lebt. Ist stark. Kurt Gerszi ist nicht zu biegen.

Mehr. Mehr. Immer mehr. Das Zischen wird noch lauter. Aus jedem Winkel. Aus jeder Ecke. Zischen. Kommen. Gehen. Der Käfig füllt sich. Der Kampf tobt. Hin. Her. Erreicht den Zenit seiner Intensität. Heftig. Blitzschnell. Ich wehre mich. Ich kämpfe. Ich weiß: Ich gewinne. Noch gehe ich nicht. Wohin auch immer. Ich bleibe. Hier. An dieser Stelle. An diesem Ort. Hier gehöre ich her. Hier bin ich daheim. Hier werde ich erwartet. Gebraucht. Ich bleibe.

IN SICH HINEINHÖREN

Um uns der Ponsblutung von Gerszi auch auf medizinischer Ebene etwas anzunähern, führten wir ein Gespräch mit Dr. Alexandra Steininger, praktischer Ärztin in Tschagguns und Arbeitgeberin von Gabi Gerszi. Alexandra Steininger war die erste, die Kurt nach der Gehirnblutung betreute, bis der Notarzt eintraf. Die Steirerin, aufgewachsen in Wien, kann auf eine lange Zeit als praktische Ärztin in Vorarlberg zurückblicken. Seit 1998 ist sie im Ländle tätig, seit 2004 in Tschagguns. Davor betreute sie die Menschen im Großen Walsertal in Raggal. Sie fühlt sich wohl auf dem Land und arbeitet gerne mit den Leuten, die dort leben. Wir haben uns mit ihr über Kurt Gerszi und seine Situation unterhalten.

Wie müssen wir uns jenen ominösen Tag vorstellen, an dem Kurt Gerszi seine Ponsblutung erlitten hat?

Vermutlich war Kurt schon vorher in einer Blutdruckkrise. Das Fatale an der Geschichte ist, dass er selbst – und damit auch alle anderen – vorher nichts von seinem Bluthochdruck wusste. Er hatte ja lange schon seinen Blutdruck nicht gemessen oder das von einem Arzt vornehmen lassen. Außerdem hat er bis zu diesem Tag keine Vorsorgeuntersuchung gemacht, in der dieses Problem festgestellt hätte werden können. Wenn man bedenkt, dass Kurt bis dahin noch nie ein gröberes gesundheitliches Problem hatte, dann wird klar, warum er darauf kein Augenmerk gelegt hatte. Dazu kommt noch die schwierige Situation seiner Arbeitslosigkeit die ihn den Gang zum Vorsorgemediziner vermeiden ließ.

Durch solche Konstellationen entsteht bei den Menschen allgemein oft ein Gefühl der Sorglosigkeit. Sie fragen sich, warum sie zum Arzt gehen sollten, wenn sie nichts spüren und andere existenzielle Fragen den Alltag beherrschen. Wahrscheinlich war sein Blutdruck schon lange hoch, bedingt auch durch seine besondere Lebenssituation und -umstände. Und so ist ein Gefäß geplatzt. Wichtig in dieser Situation war, dass er es noch geschafft hat, Gabi anzurufen.

Er hatte schon Tage zuvor Kopfschmerzen verspürt, dann kam es wohl zu einem heftigen Schmerz und Lähmungserscheinungen, also alles Zeichen für eine Durchblutungsstörung im Gehirn. Als er in der Praxis anrief, war seine Sprache verwaschen, als ob er Alkohol getrunken hätte. Aber weil Kurt eigentlich nichts trinkt, war Gabi schnell klar, dass etwas passiert sein musste. Zuerst riet ich Gabi, sie solle ihn noch einmal zurückrufen, während wir unsere Sachen packten und fuhren umgehend zu Gerszis, Gleichzeitig wurde von uns auch der Notarzt alarmiert. Und als wir im Pfiferweg ankamen, fand ich Kurt am Boden liegend, das Telefon neben sich. Er war entkleidet, seine Hose fein säuberlich zusammengelegt. Doch Kurt weiß weder davon noch vom Telefonat mit Gabi etwas. Diese Erinnerung ist aus seinem Gedächtnis gelöscht.

Kurt Gerszi hat eine Ponsblutung erlitten. Wie müssen wir uns das vorstellen?

„Der Pons (lateinisch für „Brücke") ist ein Abschnitt des Gehirns. Er gehört, zusammen mit dem Kleinhirn, zum Metencephalon (Hinterhirn). An einem Gehirn fällt die Brücke bereits bei flüchtiger Betrachtung als deutlich erhabener Querwulst zwischen Mesencephalon (Mittelhirn) und Myelencephalon (Nachhirn) auf. Zusammen mit Mesencephalon und Myelencephalon bildet sie den Hirnstamm.

Die Brücke ist Durchgangsstation für alle Nervenfasern zwischen den vorderen und dahinterliegenden Abschnitten des Zentralnervensystems. Neben diesen Fasersträngen (weiße Substanz) liegen in der Brücke einige Ansammlungen von Nervenzellkörpern, die Brückenkerne (Nuclei pontis). Sie sind Umschaltstation der Verbindungen zwischen Großhirn und Kleinhirn, die im Bereich der Brücke von links nach rechts bzw. von rechts nach links kreuzen."
(Zitat: http://de.wikipedia.org/wiki/Pons; 17.1.2014)

Bei Kurt ist die Blutung im Pons noch relativ glimpflich ausgegangen, und so sind heute keine schweren Ausfälle mehr zu beklagen. Er kann wieder deutlich sprechen, wieder sehen und auch wieder gehen, wenn auch mit Einschränkungen.

Welche Heilungschancen hat Kurt Gerszi. Hat er sein Potenzial schon völlig ausgeschöpft?

Bei den Heilungschancen gibt es erfahrungsgemäß Grenzen. Doch in diesem Zusammenhang muss man sich die grundsätzliche Frage stellen: Was heißt Heilung überhaupt? Heilung ist individuell und es gibt eine riesige Bandbreite des Krankheitsverlaufes. Eine Wiederherstellung des Zustandes vor der Gehirnblutung ist wohl nicht mehr möglich. Was aber sicher möglich ist, sind eine Annäherung an den früheren Zustand und darüber hinaus der Gewinn anderer Lebensqualitäten.

Kurt hat zwar schon einen sehr guten Weg hinter sich, eine gewisse Unsicherheit beim Gehen und die Beeinträchtigung seines Gleichgewichtes werden ihn langfristig herausfordern. Auch hier sind durchaus noch Optimierungen möglich, er wird sich auch damit arrangieren können. Insgesamt hat sich sein Zustand sehr verbessert. Das ist nicht zuletzt Ergebnis seines Charakters, der ihn als dynamischen und positiven Menschen auszeichnet. Außerdem ist er gesegnet mit einem sehr guten Umfeld, das ihm Halt gibt, angefangen von seiner Familie bis hin zu seinen Freunden, sodass er offen mit seiner Krankheit umgehen kann.

gute Idee

Eines zeichnet Kurt ganz besonders aus: Er traut sich, Hilfe einzufordern. Um den Heilungsprozess zu optimieren, ist das ein ganz wichtiger Punkt. Denn nur abzuwarten, bis etwas passiert, ist zu wenig. Er kann außerdem auch definieren, was er braucht und was ihm guttut. Dazu kommt eine natürliche Durchsetzungskraft, die Kurt mitbringt und die ihn auch offen macht für Heilungsangebote. Das ist also ein ganz wichtiger Faktor: Patienten müssen sich selber engagieren für den eigenen Heilungsverlauf, was natürlich bei fehlendem Umfeld sehr viel schwieriger ist.

SHG

Deshalb ist auch die Selbsthilfegruppe „Net lugg lo" für Kurt wichtig. Sie gibt ihm und anderen das nötige Selbstvertrauen und schärft die Selbstwahrnehmung der Mitglieder. Die Menschen – Patienten und Angehörige – erleben sich durch diese Gemeinschaft anders und können so neues Selbstvertrauen tanken.

In unserem medizinischen Umfeld ist dafür leider wenig Platz. Bei uns steht eher die Versorgung an erster Stelle, denn wir sind mehr aufs Machen und aufs Tun als aufs Spüren fokussiert. Das geschieht unter anderem auch deshalb, weil sich Patienten am Anfang zurücknehmen. Das war auch bei Kurt so.

Wir haben im Zuge unserer Arbeit am Projekt schon mehrfach gehört, dass sich bei Schlaganfallpatienten der Charakter mitunter deutlich ändert. Haben Sie bei Kurt Gerszi eine solche Veränderung wahrgenommen?

Ich kannte Kurt vor seiner Gehirnblutung noch kaum, sodass ich diese Frage im konkreten Fall nicht beantworten kann. Gerszis lebten bis kurz vor der Blutung in Nüziders und kamen dann nach Tschagguns. Was ich aber festgestellt habe, ist seine Entwicklung seit der Reha. Zu Beginn war Kurt ein Mensch, dem Selbstkontrolle sehr wichtig war. Er war und ist wohl einer, der lieber kontrolliert und sich nichts einreden lässt. Deshalb war das Thema Psychotherapie für ihn anfangs ein „rotes Tuch", nach dem Motto „Was wollen die mir erzählen?" Er war beruflich wohl lange und oft in Besprechungsterminen, wo er die Situation kontrollierte. Und jetzt fand ein Umdenken statt. Am Anfang fiel es ihm schwer, loszulassen, sein vertrautes Verhalten, welches ja auch ein Schutz war, fallenzulassen und genauer „hinzuspüren". Doch er hat dieses Wagnis auf sich genommen, hat sich getraut und traut sich immer wieder und hat so wertvolle Erfahrungen gesammelt. Vielleicht hat ihn das weicher gemacht. Und damit hat auch gleichzeitig das „Funktionieren" in seinem Leben aufgehört, damit meine ich, nach ausschließlich alten, gewohnten Verhaltensmustern

zu agieren. Zweifelsohne hat er neue Qualitäten da-
zugewonnen. Vielleicht ein wenig mehr Geduld mit
sich selbst wäre hilfreich, um sich nicht durch Über-
forderung zu bremsen.

So etwas passiert bei Patienten immer wieder. Zuerst sind da noch Schutz und Abwehr, dann erkennen sie, dass das Leben im Augenblick passiert, nicht
in der Vergangenheit und in der Zukunft. Kurt muss
aber schon aufpassen, dass ihn die alten Muster nicht
wieder ein- und überholen. Im Grunde geht es uns
allen so. Man kann mit ihm darüber reden. Er reflek-
tiert und erkennt das Problem. Er ist also feinfühliger
und toleranter geworden.

***Gibt es irgendwelche Anzeichen und Indikatoren, die
eine bevorstehende Gehirnblutung ankündigen?***

Ein ganz wichtiger Wert ist der Blutdruck. Er muss
regelmäßig kontrolliert werden, wie auch die Blut-
fette. Regelmäßige Bewegung und bewusste Ernäh-
rung vermindern das Risiko eines hohen Blutdrucks.
Zusätzliche Risikofaktoren für einen Gehirnschlag
sind regelmäßiges Rauchen und das Alter, in dem die
Elastizität der Gefäße abnimmt, was zu einer Blutung
führen kann. Rauchen über Jahrzehnte verändert
den Gefäßwiderstand. Gesellt sich noch Stress über
längere Zeit dazu, im konkreten Fall Arbeitslosigkeit, dann sollte man aufpassen. Auch angeborene

Veränderungen der Gefäße bedeuten ein erhöhtes Risiko. Einiges davon traf auf Kurt Gerszi zu. Wenn man Glück hat, deuten z.B. andauernde Kopfschmerzen o. Ä. auf eine bevorstehende Gehirnblutung hin. Das war bei ihm so. Zur Linderung der Schmerzen nahm er Tabletten, doch an zu hohen Blutdruck bzw. an eine bevorstehende Gehirnblutung hat weder er noch seine Frau gedacht. Dazu kommt, dass jeder Mensch ein anderes Schmerzempfinden und einen sehr persönlichen Umgang mit Schmerz hat. Kurt hat wohl gedacht: „Es geht schon." und die Symptome nicht ernst genug genommen.

Deshalb wären Vorsorgeuntersuchungen nicht unwichtig. Die Realität sieht so aus, dass eher Frauen als Männer dieses Angebot annehmen – und das noch lange nicht flächendeckend. Vor 60 ist man beruflich eingebunden, man nimmt sich zu wenig Zeit für seine Gesundheit. Diese Untersuchung ist natürlich kein kompletter Körperscan. Es geht vor allem darum, im Gespräch mit dem Arzt zu reflektieren und seine eigene Lebensweise zu überdenken sowie eine Bestandsaufnahme zu machen: Wie fühle ich mich, wie sieht es aus mit meinem beruflichen, meinem Freizeitverhalten? Es ist ein In-den-Körper-Hineinhorchen. Ich muss mir die Frage stellen: Was hat sich verändert? Was hat sich verbessert oder verschlechtert? Wichtig aber ist eines: das Innehalten und das Nachspüren. Und das ist gar nicht so einfach in unserer schnelllebigen Welt.

ZURÜCK IM HIER

Akut = situation

Die nächste Erinnerung, die Kurt mit der realen Welt verknüpft, ist der Transfer von der Intensivstation Feldkirch nach Rankweil. „Den Luftröhrenschnitt haben sie gut hinbekommen", hört er den Arzt seine Assistentin loben. Er ist sich aber nicht bewusst, dass er künstlich beatmet wird. Er habe sich in Feldkirch auf der Intensivstation im Bett wie wild gebärdet, habe sich hin und her gewälzt, soweit ihm dies möglich war. Hat gekämpft mit seinem unsichtbaren, unfassbaren Gegner. Hat gestöhnt. Gemurmelt. Gerufen. Hat sich die Schläuche vom Körper gerissen. Trotzdem das Hirn nicht mehr funktioniert, wie es funktionieren sollte. Seine Atmung hat ausgesetzt, die Schluckreflexe waren weg. Kurt wird festgebunden. Zum Schutz. Vor sich selbst.

Kurt habe in der ersten Woche in Feldkirch ständig nach seinem Handy verlangt, erzählt Gabi. Er sei ins falsche Netz eingebucht, war seine Sorge. Die Roaminggebühren würden ihn auffressen, versucht er zu artikulieren. Gabi versteht ihn. Irgendwie. So absurd die Situation für sie in diesem Moment anmutet, so sehr gibt sie ihr Hoffnung. Sein Hirn funktioniert also noch. Die Ärzte indes stehen vor einem anderen Problem: Die Blutung kann nicht gestoppt werden. Wegen des Aspirins, das Kurt in der Zeit zuvor gegen seine Schmerzen eingenommen hat. Tage später gelingt auch das.

Die Ärzte schenken Gabi von Anfang an reinen Wein ein: Wenn er die ersten drei Tage übersteht, sind die Chancen gut, dass er durchkommt. Mit viel Übung und Training könne er wieder zu einem halbwegs normalen Leben finden. Sie kennen Kurts Willen noch nicht.

Dann, als er nach einer Woche tatsächlich stabil ist, wird er nach Rankweil verlegt. Auf die Sterbestation, wie er sie nennt. Entweder man kommt durch. Oder man wird im Sarg hinausgetragen. Kurt ist sich des Ernstes der Lage bewusst. Nach drei Tagen. Manchmal. In stillen Momenten. Leise. Mit fünf Elektroden wird er Tag und Nacht künstlich ernährt, überwacht, am Leben gehalten. Die Ärzte arbeiten an ihm, mit ihm. Kurts Wille ist stark. rennt, um zu leben, zu atmen, bei der Familie zu sein. Zeichen seines Willens sind die starken Impulse seines Hirnes am EEG, was atypisch für Patienten mit Gehirnblutung sei. Doch die Momente in der Realität sind rar. Von kürzester Dauer. Immer wieder driftet er weg in andere Welten. Die schwarzen Männer sind besiegt. Jetzt befindet er sich am Flughafen. Ist gefangen. Wie Tom Hanks als Viktor Navorski in Terminal. Ein scheinbar auswegloser Kampf. Gefangen im System. Der behandelnde Arzt nimmt die Rolle des Kuma Pallana ein. Kurt möchte ausbrechen. Doch die Welt hält ihn. Fesselt ihn mit Schranken, will ihn nicht ziehen lassen. Seine Bewegungen sind lahm. Sediert. Kurt wird in

EEG

der Zeit seiner Behandlung ständig ruhig gestellt. Um sich nicht selbst zu verletzen.

Ein anderes Mal befindet er sich in der Waschstraße, als er die Pfleger ihn säubern. Er war oft in der Waschstraße. Mit seinem Auto. Als er auf Außendienst war. Kurt erlebt seine Vergangenheit wieder. Fiktion, Traum und Realität vermischen sich. Werden zum nicht unterscheidbaren Brei. „Ein willenloses Stück Fleisch", wie er seine Situation drastisch beschreibt. Auch eine Zugreise ist ihm im Gedächtnis. Er wird bedient. „Von vorne bis hinten." Die Vögel zwitschern, die Luft ist lau, die Temperaturen angenehm. Kurz: „Es hat gepasst." Er weiß in diesen Situationen nicht, wie es um ihn steht.

Die körperlichen Signale beschränken sich auf ein Minimum. Doch der Sitz seines Willens ist das Hirn. Das zeigt nach wie vor starke Aktivitäten. Nach einigen Wochen ist Kurt über dem Berg. Die lichten Momente werden mehr. Werden länger. Die Realität beginnt in seinem Bewusstsein Raum zu greifen. Und damit die Kenntnis seiner Lage. Sie schlägt ihn nieder. Er wird ein Pflegefall sein. Nichts ist mehr, wie es war. Schläuche quellen aus Mund und Nase. Ein Urinkatheter ziert den Penis. Alles aus. „Kein Pflegefall", denkt er sich. Er, der immer selbstständig war, der sein Leben in den eigenen Händen hatte, will niemandem zur Last fallen. „Selbstmord", ist sein erster und logischer Schluss. Erreichte er den

Medikamentenschrank, wäre sein Leben zu Ende. Doch diese Phase dauerte nur einen Tag. Einen ganzen Tag. Einen kurzen, langen Tag. Einen Tag des intensiven Nachdenkens. Kurt will seine Familie wieder sehen. Will Gabi wieder sehen. In dieser Phase sind sie und die Physiotherapeutin Elisabeth die Menschen, die ihm den Mut geben, weiterzumachen. Er war so tief im Dreck, jetzt kann es nur mehr aufwärts gehen, ist er sich sicher. Sein unbändiger Wille treibt ihn bis heute weiter, an sich zu arbeiten. Diese neue, zweite Erkenntnis spielt sich nur in seinem Kopf ab. Der Körper ist – zu diesem Zeitpunkt – tot. Nach einer Woche auf der Intensivstation in Feldkirch ist er so stabil, dass ein Transport nach Rankweil erfolgen kann. Auch hier liegt er intensiv, auch hier ist er in den ersten Wochen noch nicht über dem Berg. Trotzdem fasst er neuen Mut. Bereits in der zweiten Woche beginnen Ärzte und Pfleger mit ihm die Reha. Trotz Urinkatheter. Trotz Schläuchen. Langsam zuerst. Schritt für Schritt und nur kurz. Aufsitzen im Bett. Ein bis zwei Minuten. Mehr nicht. Auch nicht weniger. Was klingt, wie ein kleiner Schritt, ist für Kurt Hochleistungssport. Schweißgebadet liegt er nach den ersten Versuchen im Bett. Müde, ermattet, aber glücklich.

Eine zweite Therapeutin treibt dem großen Mann die Tränen in die Augen. „Du wirst wieder laufen", sagt sie. Du wirst es schaffen, meint sie. Sie bringt ihn während seiner Therapie um Meilen voran. Sie treibt ihn an. Sie schafft es, dass er in seinen sieben Wochen in Rankweil wieder aufsteht. Unter Tränen. Vor Anstrengung, Schmerz. Und vor Glück.

Die Erfolge während der Therapie sind klein. Relativ. Kurt, dem Ungeduldigen, geht alles oft zu langsam. Viel zu langsam. Doch er lernt. Auf seinen Körper zu hören. Seine Physis nicht zu sehr zu strapazieren. Zuerst beschränkte sich das Training auf wenige Minuten Sitzens. In dieser Phase konnte er nur die Silhouetten der ihn umgebenden Menschen erkennen. Allein an den Stimmen ist es ihm möglich, den Schatten Namen zuzuordnen. Das Hören funktioniert. Auf der linken Seite. Rechts sind ihm 80 Prozent seines Gehörs geblieben. Sein Gleichgewichtssinn ist gestört, der Körper komplett aus dem Lot. Die einzige Position, die erträglich ist, ist das Liegen auf dem Rücken im Bett. Das Hirn gibt ihm die Botschaft: Du liegst in deinem Bett. Auf deinem Rücken. Waagrecht. Das Sitztraining war ein besonderes Erlebnis, wie er erzählt: „Ich wurde von den Pflegern aufgesetzt, sie ließen mich los, ich sackte zusammen und kippte nach hinten weg. Ich war totes Fleisch mit Matschbirne."

Die Pfleger kommen täglich zwei Mal, um mit ihm diese Übung zu machen. Für Kurt ist es eine Tortur, ein Marathon, den er seinem geschundenen Körper zumutet. Zur körperlichen Anstrengung kommen die beschränkte Atmung und die Unfähigkeit,

sich zu artikulieren. Die vielen Schläuche an seinen Körperein- und ausgängen tun ein Übriges, ihm das Leben schwer zu machen. In der zweiten Woche wird der Luftröhrenschlauch entfernt, dann wird auch die Sondenernährung eingestellt. Er muss lernen, wieder selbstständig zu essen und zu trinken. Muss den Schluckreflex wieder neu trainieren. Die Ärzte stellen als Backup die Wiedereinführung des Sondenschlauches in den Raum, falls er sich nicht schnell genug selbst ernähren könne. In Kurt regen sich schon wieder Ehrgeiz und Widerstandskraft. Er, Kurt Gerszi, würde diesen Schlauch nicht mehr verwenden. Und so lernt er wieder das Schlucken, das Essen und das Trinken. Und das Schaufeln. Mit Gabel und Löffel. Und der Linken. Denn er war Rechtshänder. Bis vor der Blutung. Und seine rechte Seite ist gelähmt. Unbrauchbar. Zumindest zu dieser Zeit.

Mit dem Sprechen – oder besser ausgedrückt: dem Artikulieren – hat Kurt kurz zuvor in Rankweil begonnen, als der Schlauch aus der Luftröhre entfernt wurde. Drei bis vier Mal am Tag musste der Speichel abgesaugt werden, was für ihn sehr unangenehm war. Neben dem Schmerz war es das Erstickungsgefühl, das ihm Probleme bereitete. Die ersten Sprechversuche machte er mit einem mechanischen Stimmverstärker, der seine Stimme metallen und blechern klingen ließ. Für Kurt und Gabi war diese Form der Kommunikation nicht befriedigend, und so wurde der Aufsatz schnell wieder in die Schublade verbannt. Anschließend arbeitete eine Logopädin mit ihm, mit der er gewisse Buchstabenkombinationen und Zungenbrecher übte. Vor dem Spiegel trainierte er seine Sprechwerkzeuge. Jedes Wort war schwierig und beanspruchte einen Atemzug. Mindestens. So war ein Gespräch mit einem Gegenüber immer sehr langwierig und mühsam für beide Parteien. Richtig zu artikulieren lernte er erst wieder in Schruns in der Reha. Auch der Geschmack sei ihm abhandengekommen, erzählt er. Alles habe nach „Terpentin und Diesel geschmeckt". Heute spürt Kurt seinen Oberkiefer und den Gaumen nicht mehr und auch nur etwa einein- halb Zentimeter von der Zunge. Außerdem brennen die Lippen.

Nach etwa vier Wochen wird der Urinkatheter entfernt. Zum ersten Mal. Doch etwas zu früh. Der Gang aufs WC sollte Kurts nächster Marathon werden, den er mit Hilfe der Pfleger bewältigen will. Dieser Prozess nimmt Zeit Anspruch. Viel Zeit, die die Pfleger nicht immer aufbringen können. Außerdem ist Kurt nach einem Gang schweißgebadet und verliert Kilo um Kilo. Er verbrennt das Wenige, das er zu sich nimmt, innert kürzester Zeit.

Nach den ersten Wochen tritt auch wieder die Musik in sein Leben. Es war bei der Körperpflege, Kurt erinnert sich, als ob es gestern wäre. Der Pfleger, der ihn wäscht, trällert ein Lied. Ein Lied, das er so gut kennt. Und das er liebt: „Vo Mello bis ge Schopparnou" summt er. Von HMBC. Und Kurt singt mit. Zumindest versucht er das. Erinnert sich an früher. Seine Zeit mit der Musik. Mit seinem Instrument. An gesellige Runden und schöne Abende.

EMPFINDUNGEN
EINER FRAU

In den ersten Tagen nach Kurts Erkrankung funktioniert Gabi. Sie steht neben sich, weigert sich zu realisieren, was gerade passiert. „Irgendwann stehe ich auf und alles ist vorbei", denkt sie wie in Trance. In der ersten Nacht ist Vanessa, ein gute Freundin und Kollegin bei ihr, um über die letzten Stunden zu reden. Bis drei Uhr morgens sind die beiden wach. Endlich mahnt Vanessa zum Schlaf, denn sie wollen beide am nächsten Tag wieder bei Alexandra in der Praxis stehen. Gabis Tagesablauf ist in den folgenden Wochen von den Besuchen in Feldkirch und Rankweil bestimmt. Zwar darf sie jeden Tag nur kurz bei ihrem Mann Kurt sein, doch diese wenigen Minuten sind ihr wichtig. Die Besuchszeiten sind von 17 bis 19 Uhr, und nur die engsten Angehörigen, also Kinder und Ehepartner, dürfen zum Kranken. Alle anderen Besuche, also auch die der Geschwister, sind mit dem Patienten selbst abzuklären, der über Gesten und Zeichen sein Einverständnis geben muss – oder eben nicht. So lehnt er den Besuch seiner Schwester Beate ab, da er nicht möchte, dass sie ihn im aktuellen Zustand zu Gesicht bekommt. Für Beate war diese Entscheidung natürlich nicht ganz leicht, doch sie fügte sich. Der Besuch der Schwiegertöchter hingegen ging für Kurt in Ordnung, denn sie erkannte er als Stütze für seine Söhne.

Mein Mann Florian war zum Zeitpunkt des Unglücks im Burgenland auf Montage. Meine Tochter Hannah und ich befanden uns mitten im Alltag. Aufstehen, arbeiten und ab nach Hause. Ein Tag wie viele andere ... doch da war er: der Anruf meiner Schwiegermutter mit der ersten Schockdiagnose – Schlaganfall. So wurde aus unserem Alltag ein Tag wie kein anderer zuvor.

Die Entscheidung, die Fahrt nach Vorarlberg anzutreten und die Hinfahrt waren nicht leicht. Bisher waren es unbeschwerte Reisen, Vorfreude auf den Urlaub, auf ein Wiedersehen und auf Zeit füreinander. Aber diesmal fuhren wir ins Ungewisse, verbunden mit Angst, Trauer, wie es sein wird, wie wir reagieren werden – es war eine Reise mit vielen Fragezeichen.
Meinen ersten Besuch bei Kurt erlebte ich als Schein. Gut vorbereitet, war ich trotzdem aufgeregt und hatte vorrangig Bedenken, wie Florian mit der Situation umgehen wird.

Einen lieb gewonnen Menschen in einer sichtlich hilflosen Situation zu sehen, ist schwer zu ertragen. Und obwohl ich, wie ich glaube, eine der wenigen war, die an Kurts Genesung glaubten, fiel es auch mir sehr schwer die Situation und die Hilflosigkeit von Kurt zu ertragen.

Der Abschied nach drei Tagen fiel uns allen nicht leicht, aber er musste sein. Die Welt der anderen blieb nicht stehen. Unsere Tochter, die Arbeit und der Alltag warteten auf uns. Unseren letzten Besuch „verschlief" Kurt und somit verließen Florian und ich mit ungutem Gefühl den Vater, die Familie und Vorarlberg ohne zu wissen, was die Zeit mit sich bringen würde.

Nach vielen Wochen Krankenhaus, Reha usw. merkten wir das es Kurt viel besser ging und wir konnten seine Fortschritte hören und sehen. Meine Sorge zu der Zeit sprang auf meine Schwiegermutter Gabi über. Ihr Eifer, ihr Perfektionismus und ihre Aufopferung gegenüber Kurt war enorm und ging/geht bestimmt oft über ihre Grenzen.

Aufgrund der großen Distanz haben sich mein Verhältnis und mein Verhalten gegenüber Kurt nicht verändert. Unsere (Telefon)Gespräche sind wie früher und unsere Besuche um nichts schlechter oder beeinträchtigt. Kurt ist SEINEN Weg der Besserung gegangen und wird ihn weiterhin gehen. Und wenn mich meine Tochter mit großen Augen ansieht und mich fragt: Ist das der „kaputte" Opa, so können wir sogar manchmal über die Ereignisse lachen.

(Daniela Pollak, Schwiegertochter)

Florian war am ersten Wochenende in Vorarlberg und in den schweren Stunden bei seiner Mutter. „Papa schafft es", war er sich sicher. „Er ist dem Papa sehr ähnlich", erklärt Gabi.

Zwar ist sie in den ersten Tagen, als sich die Ereignisse überschlagen, nicht ganz bei sich, „funktioniert" aber, wie sie es selbst bezeichnet. Doch sie realisiert schnell, wie es um ihren Mann steht und was der Familie bevorsteht. Sie weiß, dass das Leben in Zukunft ein anderes sein wird. Alexandra leitet gleich die notwendigen Schritte ein und bemüht sich um einen Neurologen ihres Vertrauens. Denn beide Frauen wissen: Kurts Gehirn ist in Ordnung, arbeitet und ist voll funktionsfähig. Jetzt braucht er ein gute Reha, frühes und hartes Training. Bereits in Rankweil geht es los mit dem Artikulieren von Buchstaben, die er alsbald tatsächlich wieder über seine Lippen bringt. Viele Dinge aus dieser Zeit hat Kurt vergessen, dafür erinnert sich Gabi umso genauer daran. Sie bleibt ihr eingebrannt, denn sie sollte prägend für die Zukunft sein.

THERAPIE UND
„A SORT OF HOMECOMING"

Der Tag der Heimkehr war für Kurt Gerszi der
4. Jänner 2011. Bereits einige Wochen zuvor hatte alles
auf ein Weihnachtsfest im eigenen Heim hingedeu-
tet, doch die Gesundheit wollte nicht das, was Kurt
Gerszi sich partout vorstellte. Eine starke Verkühlung
verhinderte – vorerst – seine Rückkehr nach Hause.
Dem Nach-Hause-Kommen war eine monatelange
Odyssee durch verschiedene Krankenhäuser und
Therapiestationen des Landes vorausgegangen. Doch
dass Kurt überhaupt wieder zurückgekehrt ist in das
Heim der Gerszis ist – nein, kein Wunder, aber eine
glückliche Fügung des Schicksals: eine Frau, die blitzschnell reagiert. Eine Ärztin, die sofort das Nötige veranlasst. Ein Notarzt, der die Ruhe bewahrt. Ärzte und
Therapeuten, die zu jeder Zeit die richtigen Entscheidungen treffen. Und: ein Charakter, der das Kämpfen
nicht verlernt hat. Der an sich arbeitet. Der an ein
neues Leben glaubt. Der mit seiner Ungeduld seine
Umwelt manchmal schier zur Verzweiflung trieb. Der
aber in seiner Ungeduld Recht hatte mit dem, was er
sich zutraute. Der in seinem Leben Werte wiederfand,
die für ihn lange Zeit zu selbstverständlich waren.

Nach der ersten Woche in Feldkirch wurde Kurt
– wie bereits erwähnt – nach Rankweil überstellt, wo
er mit den Physiotherapeutinnen Birgit und Christine
die ersten Schritte gehen lernte – nach unzähligen Vor-
übungen, die ihm Blut, Schweiß und Tränen abver-
langten. Er lernte wieder, sich zu rasieren, zu duschen,

elementare Dinge des Alltags, die ihn Schritt für Schritt in ein neues Sein führen sollten. Eine Logopädin trainierte seine kognitiven Fähigkeiten, damit das Hirn wieder richtig zu arbeiten beginnen würde. Bei all diesen Maßnahmen bewies Kurt eine ungeheure Beharrlichkeit, ein bewundernswertes Durchhaltevermögen, aber auch große Ungeduld, die für sein Umfeld nicht immer leicht zu ertragen war. Doch was gutes Zureden oft nicht schaffte, bewirkte sein Körper, der ihn ein ums andere Mal rügte: Kurt ging mitunter bis an die Grenzen der Belastbarkeit und darüber hinaus. Trotzdem verlief der Genesungsprozess ungewöhnlich schnell und in großen Schritten, wie Ärzte und Therapeuten immer wieder bestätigten. Wichtig für den Patienten war die genaue Strukturierung seines Alltages, sodass er sich jeden Morgen aufs Neue auf das, was ihn zu welcher Tageszeit erwartete, einstellte.

Vom 2. Dezember 2010 war Kurt bis zum 4. Jänner 2011 in Schruns stationiert, wo er auf den Alltag zu Hause vorbereitet werden sollte. Da die für Weihnachten vorgesehene Heimkehr, an der auch Bruder Christian in Tschagguns sein sollte, aus Krankheitsgründen erst am 4. Jänner des neuen Jahres stattfand, feierten Gabi und Philipp das Weihnachtsfest bei Kurt in Schruns. Sie wollten die richtige Familienfeier an Silvester nachholen, doch für Kurt brach in diesem Moment eine Welt zusammen. Stille und Untätigkeit breiteten sich in diesen Tagen um ihn aus. Seine Pläne, wie er sie sich vorgenommen hatten, wurden von einer anderen Macht bestimmt.

Dafür durfte er tatsächlich am 31. Dezember für eine Nacht nach Hause. Es war ein kleines, kurzes Eingewöhnen. Schnell erkannten die Gerszis, dass die vermeintlich barrierefreie Wohnung doch nicht ganz so barrierefrei war, wie sie angenommen hatten: Hier lag ein Teppich, dort war ein Schrank im Weg. Und so dauerte es nach dem Wiedereinzug Kurts am 4. Jänner noch einige Zeit, bis alles so war, dass er sich einigermaßen frei bewegen konnte.

Für Gabi stellten seine Fortschritte in Rankweil eine große Erleichterung dar. Trotzdem war seine Entlassung – sie war für Anfang Dezember geplant – kaum vorstellbar, wenn sie die Schwierigkeiten sah, mit denen ihr Mann im Alltag zu kämpfen hatte. Aus diesem Grund plädierte sie für eine weitere Reha in Schruns, was auch Kurt aufnahm, um sich auf das Zuhause besser vorbereiten zu können. Tatsächlich gab es in Schruns sehr viel für ihn zu lernen: aufzustehen, sich umzusetzen, seinen Mittelpunkt zu suchen und ihn auch ab und zu zu finden. Laufen und Treppensteigen gehörten ebenfalls zu seinem Trainingspensum. Sein Ehrgeiz trieb ihn immer weiter, doch es gab auch einige Unzulänglichkeiten, derer er sich schnell bewusst wurde: Die Einrichtung beispielsweise war für Patienten mit seiner Geschichte nicht behindertengerecht, da die Schranktüren nach außen aufgingen. Kabel, Nachttischlampe und Steckdose beim Bett waren ausschließlich auf der rechten – seiner gelähmten – Seite. Und so gab es immer wieder Probleme, die seinen Alltag störten. Doch so, wie wir Kurt kennen, machte er aus seinem Herzen keine Mördergrube, besprach die Mängel mit den Verantwortlichen, die Lösungen für Kurts Anregungen fanden.

Jetzt rückten die emotionalsten Tage des Jahres immer näher und näher. Die Annäherung an zu Hause war für ihn physisch spürbar. Er war von Rankweil nach Schruns verlegt worden, von wo es nach Tschagguns in den Pfiferweg nur ein Katzensprung war. Doch der sollte sich noch ein Weilchen ziehen. „Die ersten zwei Wochen in der Reha waren nicht besonders schön", erinnert er sich. Er erkennt immer wieder aufs Neue, was ihm noch fehlt, um sein Leben selbstbestimmt gestalten zu können und verfällt ins Grübeln und in Selbstzweifel. Er schottet sich ab, will bei Tisch alleine sein, spricht mit niemandem und baut sich so eine Mauer auf. Es ist das einzige Mal, dass er glaubt, er zerbreche.

es fehlt Deiniges

Ein Beispiel für seine Hilflosigkeit war der Gang in den Speisesaal. Alle betraten ihn beinahe gleichzeitig, nur Kurt war in seinem Rollstuhl immer bei den letzten und wurde zurückgedrängt. Gedanken-, aber auch rücksichtslos. Sogar beim Essen wurde er seines Handicaps immer wieder gewahr. Eines Tages wurden Schnitzel serviert, eine Speise, die Kurt durchaus gemundet hätte. Neben seinem Teller lagen Messer und Gabel. Doch wie sollte er das Schnitzel mit der gelähmten rechten Seite und ohne Kraft schneiden? Diese und ähnliche Vorkommnisse machten ihm das Leben schwer und ließen ihn mehr und mehr zweifeln. Erst nach etwa zwei Wochen öffnete er sich ein wenig. Er begann, mit anderen Patienten zu sprechen, mit ihnen in Kontakt zu treten, die Atmosphäre wurde zusehends wärmer.

Eine Dame kümmert sich rührend um ihn, indem sie ihm allmorgendlich sein Frühstücksbrot streicht. Willi aus Bürs, ein Schlaganfallpatient im Rollstuhl, öffnet ihm die Augen: „Du, Kurt, ich bin hier nicht auf Erholung, sondern auf Reha. Und ich gehe mit Krücken hinaus." Er schaffte es. „Ich hatte Probleme, Hilfe anzunehmen", erinnert sich Kurt. Natürlich ist es schwer, beim Duschen zu warten, bis ein Pfleger sich seiner annimmt, ihn wäscht, abtrocknet. Natürlich ist es hart, auf dem WC zu sitzen, bis man „vom Topf geholt wird", obwohl einem die „Backe eingeschlafen ist". Doch nachdem Kurt seine Unzufriedenheit artikuliert hat, gelingt es allen Beteiligten, wie bereits erwähnt, Lösungen für viele kleine Unannehmlichkeiten zu finden, die ihn belasten.

Trotz der Schwierigkeiten und trotz des Schicksalsschlages bleibt Kurts Charakter, wie er war, bestätigt sein nahes Umfeld. Er sei heute der gleiche Mensch, der er vorher war. In vielen Dingen sogar etwas weicher und sentimentaler, „netter", wie Gabi erzählt. „Kurt hat früher nicht gesehen, was ich im Haus geleistet habe, für die Familie", meint sie, „heute hingegen findet er oft ein nettes Wort oder Lob für mich." Das tut ihr gut.

Kurt ist sich dieser Veränderung durchaus bewusst. Er hat, so erzählt er, während seiner Krankheit viel Zuspruch und Aufmunterung erfahren. Viele Menschen waren für ihn und für seine Familie da. Für diese Humanität empfindet er Dank. Tiefen Dank. Ihm ist nicht widerfahren, was laut Alexandra Steininger, Kurts Ärztin, so oft passiere: dass sich der Charakter des Patienten stark verändere. Das Leben, das die Gerszis heute führen, ist voll von Dankbarkeit, aber auch Zufriedenheit. Es ist wertiger, intensiver, und sie genießen jede Minute, die sie gemeinsam verleben dürfen. Natürlich wünsche er sich Gesundheit, meint Kurt, natürlich wäre es schön, körperlich wieder so zu sein wie früher. Aber seine heutige Weltsicht, die möchte er nicht mehr hergeben. Nie mehr. Denn sein Blick ist jetzt auf das Wesentliche gerichtet. Er weiß: Das Leben ist schön. Zufriedenheit bestimmt in vielen Augenblicken seinen Alltag. Ihr Bekannten- und Freundeskreis hat sich wesentlich vergrößert, denn die Mitbürger von Tschagguns und Umgebung erkundigen sich nach ihm, sind interessiert.

Ehrlich interessiert. Kurt bricht eine Lanze für seine Mitmenschen.

September 2010: Wie ein Schock kam damals der Anruf von Gabi, was mit Kurt passiert war. Noch einen Monat zuvor haben wir alle zusammen ganz fröhlich und ausgelassen in Unterretzbach den 50. Geburtstag von Gabi und Kurt gefeiert. Das Leben des Paares stand auf einmal auf dem Kopf. Die gute Nachricht nach ein paar Tagen war, dass Kurt die Hirnblutung überlebt hat. Allerdings stand ihm ein langer mühsamer Weg zurück bevor.

Wir haben Kurt dann das erste Mal in der Rehaklinik besucht. Das war etwa sechs Wochen später. Seinen Humor hatte er nicht verloren, allerdings war es auch für uns nicht einfach zu sehen, was er alles wieder lernen musste. Wir glauben, am schlimmsten war es auch für ihn, dass er ziemlich lange nicht richtig sehen konnte. Das beeinträchtigt natürlich so vieles, was wir als selbstverständlich empfinden. Aber mit einem unglaublichen Willen hat er sehr schnell gelernt, mit seinem Handy umzugehen, um so wieder kommunizieren zu können.

Mit eisernem Willen haben Gerszis ihr Leben so organisiert, dass Gabi normal arbeiten und Kurt während der Woche seine Trainings absolvieren konnte. Im zweiten Jahr nach der Hirnblutung arbeitete Kurt sogar ein bisschen. Das hat ihm – denken wir – unheimlich gut getan. Denn allein der Gedanke, dass man etwas leisten kann und gebraucht wird, gibt viel Kraft und neuen Mut. Kurt hat das gut getan.

Arbeit

(Bärbel und Beat Wittwer, Schwager und Schwägerin)

Therapien

- Ergotherapie: laufende Verbesserung der oberen
  Extremitäten
    - in der Motorik
    - in der Geschmeidigkeit
    - in der Koordination
    - in der Schnelligkeit
    - in der Sensorik
  - durch
    - Spiegeltherapie
    - Erfass- u. Greiftherapie
    - Keyboardspiel
    - Spiel mit dem Ball
    - Perfetti-Therapie: Erkennung der verschiedenen
      Stellungen des Arms mit geschlossenen Augen
- Physiotherapie: laufende Verbesserung der unteren
  Extremitäten
    - in der Motorik
    - in der Geschmeidigkeit
    - in der Koordination
    - in der Schnelligkeit
    - in der Sensorik
  - durch
    - Umsetzen z.B. vom Rollstuhl auf die Couch
      unter Supervision
    - Gehen auf dem Laufband (Steigung, Gefälle,
      seitwärts) unter Supervision

- Stehen und Bewegungen im Stand unter Supervision
- richtige Belastung des rechten Beins, Beckens unter Supervision
- Treppensteigen unter Supervision
- Gehen mit dem Rollator unter Supervision
- Gehen mit dem Stock unter Supervision
- freies Gehen unter Supervision
- Perfetti-Therapie
- Logopädie: Übungen um die Artikulation zu erlangen und zu verbessern
- Stromtherapie: Stimulans der Nerven
- Gleichgewichtstherapie: spezielle Übungen im Stehen und Sitzen
- Koordinationstherapie: Ausführung mehrerer Übungen zur gleichen Zeit sowohl im Sitzen als auch im Stehen
- Konditionstraining: u.a. Übungen mit dem Theraband, Übungs-Stepp
- Krafttraining: Treppen steigen, Übungstreppe mit oftmaligen Wiederholungen, Theraband
- Ausdauertraining: Training auf dem Ergometer, Theraband
- Pilates: „Zentrum" aufbauen bzw. stärken und richtige Atmung
- TCM-Therapie (Traditionelle Chinesische Medizin):
  - Meridiantherapie

- Schmerztherapie
- div. Massagetechniken
- Schröpfen
- tlw. Elektrotherapie
- Psychotherapie/Coaching: Auf- und Ausbau des vernetzten Denkens (Herstellung der „Kabelverbindungen" im Gehirn)
- Funktional-Optometrie (Augentraining): spezielle Übungen, um die Augenmuskulatur aufzubauen und zu stärken
- Akupunktur
- LomiLomi-Massage

EIN NEUES LEBEN

Das zweite häusliche Leben des Kurt Gerszi begann am 4. Jänner 2011 im Pfiferweg in Tschagguns. Mit all seinen Höhen und Tiefen von Beginn an. „Ich war sehr ungeschickt", erinnert er sich an seine ersten Rollversuche in der Wohnung. Gerade einmal das Notwendigste konnte er erledigen. Und das nur mit Hilfe von Gabi. Sein Neurologe ermöglichte ihm eine weitere Reha im SMO-Fachzentrum in Bürs, die von 10. Jänner bis Ende Juli 2011 dauerte.

Ein Teil der ergotherapeutischen Behandlung im letzten Therapieblock war die computergestützte Armbehandlung mit dem Pablo. Ziel dieses Trainings war das aktive und repetitive Üben von Bewegungen (Bewegungskontrolle), die Verbesserung der Koordination, die Steigerung der Handkraft sowie die Kraftdosierung, um den Einsatz der rechten Hand im Alltag zu erleichtern.

Herr Gerszi kannte das Gerät noch nicht, da wir es neu in der Praxis hatten. Er war gleich offen und begeistert von den neuen Möglichkeiten. Das Pablo besteht aus einem Handgriff mit integrierten Kraft- und Bewegungssensoren, dem Multiball und dem Multiboard.

Bei den verschiedenen Therapieübungen stellte ich das Gerät individuell auf Herrn Gerszi ein, z.B. welche Bewegung oder mit welcher Kraft geübt werden soll. Führte Herr Gerszi bei einer Übung eine andere Bewegung aus, reagierte das Programm nicht. Rückmeldung über das Ergebnis bekam er durch eine Punkteanzahl sowie in Form eines Smileys. Durch diese computerunterstützte Therapie lernt der Patient den Arm einzusetzen. Bei Übungen für die Kraft musste ein eingestellter Kraftwert über längere Zeit aufgebracht und der Krafteinsatz genau dosiert werden. Z.B. werden herabfallende Äpfel am Bildschirm mit einem Obstkorb eingefangen, durch das Drücken bewegt sich der Korb nach rechts.

Die ganze Aufmerksamkeit ist auf den Spielverlauf am Monitor gerichtet, die Bewegungen finden ohne visuelle Kontrolle statt. Herr Gerszi hatte keine Kapazität, nebenbei zu sprechen, das Training war anstrengend für ihn. Neben dem Üben von motorischen Fertigkeiten war das Training mit dem Pablo für Herrn Gerszi auch ein Training für die Aufmerksamkeit und Konzentration sowie für die Visuomotorik. Neben dem Training mit dem Pablo beinhaltete die Ergotherapie Übungen für die Oberflächen- und Tiefensensibilität, Bewegungs-, Stabilisations- und Greifübungen.

(Barbara Violand, SMO, Ergotherapeutin)

Er lernte, seine Artikulationsfähigkeit zu verbessern, saß stundenlang vor dem Spiegel, um zu üben. Außerdem unterzog er sich einer Ergo- und einer Physiotherapie, kurz, er unternahm alles, um so schnell wie möglich voranzukommen: physisch und psychisch. Trotzdem hielten sich die Ärzte in ihren Prognosen bedeckt: Kurts Zustand werde nicht mehr so wie früher, aber er werde sich noch bessern, ist ihre vage Auskunft.

Eines treibt ihn ganz besonders an: Es ist die Wiedererlangung seiner Autonomie, die Fähigkeit, sein Leben allein und selbstbestimmt zu führen. Er weiß zu jeder Sekunde, dass er auf Hilfe angewiesen ist, lehnt sie aber in vielen Situationen ab. Von Anfang an.

Kurt kam nach seinem stationären Aufenthalt direkt in die SMO (ambulante Rehabilitation). Nach dem ersten Gespräch mit ihm war mir klar, dass er sehr genau wusste, was seine Ziele sind und was seine Erwartungen an uns waren. Sie waren sehr hoch gesteckt und er wollte sie in einer kurzen Zeit mit unserer Hilfe verwirklichen.

Meine Aufgabe war es unter anderem, ihm zu zeigen, dass sein Körper Zeit braucht sich zu regenerieren und sich an die neuen Situationen zu gewöhnen und Neues bzw. Altes wieder zu erlernen. Kurt war ein Patient, den man am Anfang bremsen musste, weil er viel zu hart an sich arbeitete. Ich hatte den Eindruck, dass, wenn er weniger macht – was manchmal mehr ist –, Kurt Angst hatte, sein Ziel aus den Augen zu verlieren. Es war nicht immer einfach, ihn davon zu überzeugen und wir hatten einige Gespräche darüber. Was in der Therapie ein wichtiger Aspekt war: Kurt seine Grenzen zu zeigen. Er musste immer wieder überzeugt werden, was er kann und was zu früh ist. Dies erforderte sehr viel Vertrauen von Kurt – nicht nur Vertrauen in uns, sondern auch in sich selbst und vor allem in seinen Körper. Schlussendlich erreichten wir gemeinsam einige seiner Ziele – auch wenn sie noch so klein waren und im „normalen" Leben als selbstverständlich angenommen werden. Jedes Ziel, das er erreichte, wurde uns sofort mitgeteilt – mündlich oder per Mail.

Kurt war für mich ein sehr angenehmer, aber auch sehr feinfühliger Patient. Ich durfte mit ihm viele erfolgreiche und auch nicht so erfolgreiche Stunden verbringen.

(Katharina Wendl, Physiotherapeutin, SMO bis Ende 2011)

„Es war ein langer Prozess zu erkennen, dass es ohne fremde Hilfe nicht geht", erinnert er sich. Und: „In dieser Phase war ich oft grantig und ungerecht, vor allem mit Gabi. Das tut mir heute noch leid."

Sie ist am Anfang von den Vorwürfen ihres Gatten getroffen. Verärgert. Weiß nicht, wie damit umgehen. Doch sie vertraut auf einen kleinen Trick, der sich Perspektivenwechsel nennt: Sie versetzt sich in Kurts Lage, versucht die Welt aus seinen Augen zu sehen. Um ihn zu verstehen. Um ihn noch besser unterstützen zu können. Und sie gewöhnen sich wieder aneinander. Langsam, Schritt für Schritt. Bis heute.

„Es ärgerte mich, wenn alles an einem bestimmten Ort zu liegen hatte. Ich hielt es zuerst für Pedanterie. Doch dann merkte ich sehr rasch, dass es für Kurt den Alltag ungemein erleichterte, wenn er nicht lange suchen musste. Wenn er den Wasserkrug von der richtigen Seite in die Hand nehmen konnte, ohne ihn lange zu drehen", erzählt sie. Neben seinen motorischen Einschränkungen ist seine Sehfähigkeit am Anfang seiner Zeit zu Hause stark vermindert, doch vieles wird mit der Zeit besser. Eines kann Kurt heute wieder fast uneingeschränkt: für sich sprechen. Ohne Wenn und Aber. Sagen, was ihn bewegt, ihn schmerzt, ihn freut. Früher musste Gabi intuitiv erkennen, wie es in ihm aussah. Das führte mitunter zu Missverständnissen und auch zu Dissonanzen.

Eine wichtige Bezugsperson in der Zeit seiner Reha war der Psychotherapeut Bertram Strolz, der ihn aus seinem Tief herausholt. Er hat Geduld mit ihm. Viel Geduld, wie Kurt bestätigt. Er gibt ihm wertvolle Tipps und Tricks. Holt ihn von seiner Hochgeschwindigkeitsautobahn herunter und lehrt ihn Entschleunigung. Im Juni 2011 beginnt ihre Zusammenarbeit, die bis heute andauert.

Der Psychotherapeut begann die Arbeit auf Kurts Wunsch, als dieser seiner gelähmten rechten Seite nicht mehr vertraute. Ein Psychologe oder Psychotherapeut kam für Kurt grundsätzlich nur auf eigenen Wunsch in Frage, keinesfalls von außen verordnet, betont er. Jetzt war es soweit. Er hatte den Namen Strolz auf Empfehlung von der SMO erhalten, diesen telefonisch kontaktiert und um Hilfe gebeten. Mehr oder weniger nachdrücklich. Bis heute bereut er diesen Schritt nicht. „Bertram hat mich aus dem Hamsterrad geholt", ist er sich sicher. Kurt war in seiner Therapie an einem Punkt angelangt, wo er sich mit selbst auferlegtem Stress blockierte und nicht mehr weiterkam. Diese Blockade konnte Strolz in langen Gesprächen und Therapiesitzungen lösen, weiß Kurt. Er baute das Vertrauen ins rechte Bein wieder auf, indem er den Gesamtzustand seines Patienten mit dem eines Schispringers verglich. Auch der brauche immer wieder eine Regenerationsphase. Außerdem solle er das Wörtchen „muss" aus seinem Wortschatz streichen.

Es baue nur unnötigen Stress auf. Auch Gabi war von der Richtigkeit von Kurts Entscheidung überzeugt. Sie, die Kurt jeden Tag sah, wahrnahm, war sich sicher, dass er Hilfe annehmen würde, wenn er sie benötige. Aber erst dann und nicht früher. Sie sieht sehr schnell, wie gut dieser neue Weg ihrem Mann tut, wie er sich öffnet, wieder Vertrauen entwickelt. Trotzdem habe sie sich gewundert, dass ihr Kurt einen Psychotherapeuten in Anspruch nimmt. „Mir geht es auch heute noch beschissen", blickt dieser auf seine Reha zurück, „weil die rechte Seite noch immer nicht so funktioniert, wie ich mir das vorstelle." Trotzdem fühle er sich gut – ein scheinbares Paradoxon –, weil er sein „tolles" Umfeld zu schätzen gelernt hat. „In der SMO war ich unzufrieden mit mir selbst", erinnert er sich zurück, „weil nix weiterging. Deshalb habe ich Bertram angerufen." In den ersten beiden Monaten treffen sich die beiden zwei Mal wöchentlich, anschließend nur mehr monatlich, heute haben sich die Sitzungen auf einmal pro Quartal eingependelt.

In ihren Gesprächen diskutierten sie über die verschiedensten Themen: über den Alltag, über Politik Sport, über die geliebte Musik. Es gelang ihm schnell, Vertrauen zum Patienten aufzubauen. „Wir liegen auf derselben Wellenlänge", weiß Kurt. Zwei Mal war auch Gabi bei den Sitzungen dabei, um den neuen Helfer kennenzulernen. „Mir hat die Veränderung, die in Kurt vorgegangen ist, gefallen", ist sie heute froh über die Zuziehung des Therapeuten. Er sei „fließender" geworden, verharre nicht mehr so sehr in den Schwarz-Weiß-Kategorien wie vorher. Er habe erkannt, dass mehrere Schritte zum Ziel führen können, dass mehrere Sichtweisen stimmen können – oder eben auch nicht.

Direkt nach der Gehirnblutung habe es bei Kurt nur zwei Zustände gegeben, ähnlich wie bei einem Computer: Power on und Power off. Er habe nur über seine Behinderung gesprochen, über seine Reha und die Fortschritte. Das sei für alle Gesprächsbeteiligten mitunter enervierend gewesen. Auch für die Kinder und die engsten Familienmitglieder. Doch es habe sich bis heute gebessert. Massiv. Durch die Neudefinition seiner Ziele mit Strolz sei Kurt wesentlich flexibler geworden.

In seinem früheren Beruf war Kurt ein Mann, der immer beschäftigt war, dessen Akkus immer auf höchsten Touren liefen. Er hatte keine Zeit, sich über das Leben und seine Wertigkeiten allzu viele Gedanken zu machen. Er habe „funktioniert", wie es Familie Gerszi so schön auszudrücken pflegt. Es war schön, wenn alles so lief, wie es musste, wie er sich das vorstellte. Erst heute kenne er sich, meint er nachdenklich. Ein Tiefpunkt war für ihn die Zeit seiner Arbeitslosigkeit. Er war nicht mehr der Ernährer, der Beschützer der Familie, er zweifelte an sich. Seine Rolle stand in Frage. Für Gabi war das nie ein Problem. Sie kannte ihren Mann, wusste, dass er alles Menschenmögliche unternehmen würde, um wieder ein ordentliches Beschäftigungsverhältnis zu finden.

Dann kam die Behinderung, die Kurt einen weiteren Dämpfer versetzte. Er konnte sich nur langsam, schleppend öffnen, baute weiter Mauern um sich auf, die es seinen Mitmenschen schwer machten, zu ihm durchzukommen. Er ließ niemanden in sein Innerstes blicken. Ruhe war nie da, ein Fallen- oder Hängenlassen gab es nicht. Der einzige Ort, wo er abschalten konnte, war der Tennisplatz. Doch auch dort ging es immer nur ums Gewinnen. Ein anderer Zufluchtsort war die Musik, die er sehr bewusst konsumierte. Auch heute noch. Jeden dritten Tag mittels Kopfhörer: Barock, Klassik, Jazz, Swing, Blasmusik, kurz: alles querbeet. Übrigens bedient sich auch Gabi dieser Entspannungsmethode, denn Kurt hatte sie – ihre Belastung erkennend – schnell mit einem iPod und der passenden Musik ausgestattet. Sie entflieht in die Natur, wenn es ihr zu viel wird. Geht entlang der Ill, wo sie wieder zu sich selbst findet. „Der Schicksalsschlag hat unser Leben besser gemacht", ist sie überzeugt. Denn eines sei sicher: Es gebe noch so viele Schicksale, die schlimmer seien als das ihre. Auch erkennt sie das Entwicklungspotenzial, das Kurt immer noch hat. Sie können das Hier und Jetzt genießen. Bewusst und mit allen Sinnen.

In der SMO in Bürs ist Kurt an drei Tagen in der Woche – Montag, Dienstag, Donnerstag – für vier bis fünf Stunden pro Tag. Zwei Mal in der Woche ist der Mobile Hilfsdienst bei Gerszis, um das umzusetzen, was er im SMO-Fachzentrum gelernt hat.

Herr Gerszi war in folgenden Gruppen: Gesprächsgruppe und ambulante Kochgruppe.

In der Reha-Gruppe war er sehr gesprächsbereit, dachte mit, überlegte sich seine Situation nach der Erkrankung. Die Gespräche waren sehr herausfordernd, und er wollte immer genau wissen, wo er steht, wie es weiter geht, wie er Wege finden kann, um sich weiter zu rehabilitieren. Schnell erkannte er, dass ER Schritte setzten muss, und nicht wir Therapeuten. Seine Motivation war anfangs sehr hoch, danach durchlebte er eine Krise, von welcher er sich durch therapeutische Hilfe wieder gut stabilisierte. In der Gruppe wurde er gefordert, sich auf Kontakte einzulassen, daraus entstanden auch einige engere Beziehungen. Für ihn war es immer eine große Herausforderung, sich dem Thema der „Grenzen, Abgrenzung" zu stellen. Anfangs war Kurt sehr wortgewandt, schnell in Überlegungen und Aussagen. Für manche Patienten war dies zu viel und sie konnten sicher nicht immer seinen Ausführungen folgen. Dies war sicher ein spezieller Auftrag an Kurt, sich auf das „Gegenüber" einzustellen, „geduldig" abzuwarten, was das „Gegenüber" wohl zu sagen hat. Kurt war in seinen

Ansichten, eine Bereicherung für die Gruppe, er brachte eine positive Gestimmtheit in die Runden mit und hatte am Schluss sehr gut gelernt, sich einzulassen, zuzuhören und auch manchmal „nur" dabei zu sein. In der Kochgruppe kristallisierte sich bald ein Feinschmecker heraus. Kurt überlegte sich von sich aus Rezepte, die einfach, schnell und gut zu kochen waren. Also er war aktiv am Geschehen dabei, er brachte sich ein, und erledigte diverse Tätigkeiten zuerst mit Unterstützung, später mit weniger Hilfe. Kurt kam immer mehr in Fahrt in der Küche. Er verrichtete viele Tätigkeiten im Stehen – Kaffee kochen, abwaschen, z.T. am Herd. Es machte ihm Spaß, dabei zu sein, gemeinsam ein Essen zu kreieren, zu kochen und zu essen. In dieser Form der Therapeutischen Intervention sind viele gruppendynamische Aspekte enthalten, die Kurt für sich sehr gut anwenden konnte.

(Ulrike Rauch, SMO, Ergotherapeutin)

Außerdem nimmt er die Dienste eines Therapeuten für chinesische Medizin in Anspruch, den er selbst finanziert. Nach der Arbeit mit ihm sei er mehr als einen Tag k.o., doch anschließend sei er für eine relativ lange Zeit „gut aufgestellt". Diesen Therapeuten, selbst Herzinfarktpatient, hat er bei seiner Reha in Schruns kennengelernt.

Ich lernte Kurt in Schruns bei seiner REHA kennen. Er saß an meinem Tisch. Wir waren nun sechs Personen mit ihm. Kurt war ursprünglich ein „Schnösel" – ein affektierter und arroganter Kerl, der uns nicht an seinem Schicksal teilhaben ließ. Es stellte sich heraus, dass es Selbstschutz war, da er überhaupt noch nicht mit seinem Schicksal umgehen konnte bzw. damit umzugehen wusste. Im Laufe der Reha-Zeit taute er auf, ich unterhielt mich viel mit ihm und beschloss, Kurt zu helfen – wenn er wollte. Diese meine Hilfe nahm er, wenn auch anfänglich ängstlich und skeptisch, an.

(Günther Fritsch, TCM-Therapeut)

Alles in allem müssen Gerszis zwar gut kalkulieren, denn viele Therapien können nicht über die Krankenkasse abgerechnet werden, doch sie kämen gut über die Runden. Auf seine Ziele angesprochen möchte Kurt sich in der Region sozial engagieren und seine Erkenntnisse aus der Reha, aus Gesprächen mit Ärzten und Therapeuten Betroffenen und deren Angehörigen weitergeben, um ihnen so ihr Schicksal zu erleichtern. Zu diesem Zweck hat er, zusammen mit anderen Schlaganfallpatienten, die Selbsthilfegruppe „Net lugg lo" (www.net-lugg-lo.at) gegründet, die heute 26 Mitglieder zählt. Zu den Meetings kommen nicht nur Betroffene, sondern auch deren Angehörige. Bei dieser Einrichtung geht es ihm in erster

Linie um eine ganzheitliche Hilfe, um Informationen, um eine Plattform, auf der Gespräche und Veranstaltungen möglich sind. Jeden Monat gibt es einige Fixtermine, in der warmen Jahreszeit sind immer wieder „Freiluftveranstaltungen" geplant, diesen Sommer war die Gruppe um Kurt Gerszi unter anderem auf dem Rellseck. Diese Veranstaltungen seien nur durch die „großzügige Hilfe unserer Sponsoren möglich", so Kurt mit unüberhörbarem Stolz. Der Name des Vereins? „Net lugg lo!", getreu dem Motto seines Initiators.

Als persönliches Ziel gibt Kurt an, irgendwann wieder alleine zu Fuß zu den Öffis zu kommen und einen ganzen Tag ohne Hilfe zu verbringen. Gabi wünscht sich, dass Kurt den Rollstuhl in der Wohnung irgendwann einmal weglassen können wird. Außerdem, und hier sind sich beide einig, wollen sie in absehbarer Zeit wieder einen Urlaub im Ausland verbringen. Aber im deutschsprachigen. Denn wer weiß? Im Fall eines Falles wollen sie schnell und vor allem richtig verstanden werden.

Ein weiterer Herzenswunsch der beiden ist der Besuch der Enkelkinder in Ostösterreich. Kurt Gerszi bleibt noch viel, das er sich erfüllen kann. Mit seiner Kraft, seinem Ehrgeiz und seiner Ausdauer wird das gelingen. Und vor allem mit der Hilfe seiner Gabi.

DANKE AN …

- Ehefrau – Gabriele Gerszi
- Kinder, Schwiegerkinder und Enkel
- Großfamilie: Eltern, Geschwister,
  Schwager/Schwägerinnen
- Allgemeinmedizinerin Alexandra Steininger
  (als Ersthelferin und Hausärztin)
- Notarzt Alois Tschofen und seinem Team
  (Notfallsanitäter, Fahrer)
- Intensivmediziner, Pflegepersonal auf der
  Intensivstation LKH Feldkirch
- Mediziner, Pfleger und erstes REHA-Personal
  LKH Rankweil
- Mediziner, Pfleger, REHA-Personal in Schruns
- Mediziner, Pfleger, REHA-Personal in
  Münster/Tirol
- SMO-Team Bürs (Kristin Markovic, Katharina
  Wendl – ehemals SMO, Eva Peklar, Petra Frei-
  Gabriel – ehemals SMO, Veronika Reichmuth,
  Barbara Violand, Eric Pfeifer, Ulrike Rauch,
  Michael Schuster, Andrea Rauch-Duelli,
  Ines Wehde, Monika Ammann, Erika Müller –
  ehemals SMO, Elisabeth Vonbank)
- Irmgard Müller, Sandra Salzgeber und Kollegen
  (Caritas Schruns)
- Neurologe Thomas Wiederin
- Krankenhauspersonal KH Bludenz für Schädel-CT
- Ordination Peter Hollenstein, Bludenz für
  Schädel-MRT

- plastischer Chirurg Ludwig Hefel und Team
- TCM-Therapeut Günter Fritsch sowie seiner „guten Seele" Renate Fritsch
- Psychotherapeut/Coach/Mentor Bertram Strolz
- Sehschule LKH Feldkirch Barbara Javornik
- Augenklinik LKH Feldkirch
- Augenarzt in Bludenz Stefan Mestel und Sehschule Bludenz
- Funktional-Optometrist Markus Walser (Bitsche-Optik)
- Sportwissenschafter und Therapeut David Engstler
- Trainerin, Pilates-Trainerin, Lomi-Masseurin, mahnendes Gewissen - Katrin Bitschnau
- Gemeinde Tschagguns und Bürgermeister Herbert Bitschnau
- Einwohner/Bürger von Tschagguns
- therapeutische Keybordlehrerin Martina Hummer
- Christl Tschohl und Team
- Anka Stemer
- Helga und Kurt Mangard
- Mitglieder des Selbsthilfevereins im Montafon
- Patrick und Andrea Säly
- Mitglieder der Projektgruppe „Gesundes Tschagguns"
- Michael Perktold, stellvertretend für alle Zivildiener des RK Vorarlberg

ABKÜRZUNGSVERZEICHNIS, FACHBEGRIFFE UND ERLÄUTERUNGEN

Angiographie: Nennt man in der Medizin die Darstellung von Gefäßen, meist Blutgefäßen mittels diagnostischer Bildgebungsverfahren, beispielsweise Röntgen oder MRT. Hierzu wird häufig ein Kontrastmittel in das Blutgefäß injiziert. Auf dem Bild der aufgenommenen Körperregion zeichnet sich dann der mit dem Kontrastmittel gefüllte Gefäßinnenraum ab. Das resultierende Bild nennt man Angiogramm. Mit der MRT sind auch Angiografien ohne Kontrastmittel möglich, wodurch man sich die invasive Punktion des Gefäßes erspart. Jedoch können nicht alle Fragestellungen mit der MRT-Angiographie zufriedenstellend beantwortet werden.

CT: Computertomographie, medizinisches bildgebendes Verfahren

Ergotherapie: Unterstützt und begleitet Menschen jeden Alters, die in ihrer Handlungsfähigkeit eingeschränkt oder von Einschränkung bedroht sind. Ziel ist es, sie bei der Durchführung für sie bedeutungsvoller Tätigkeiten in den Bereichen Selbstversorgung, Produktivität und Freizeit in ihrer persönlichen Umwelt zu stärken. Hierbei dienen spezifische Aktivitäten, Umweltanpassung und Beratung dazu, dem Menschen Handlungsfähigkeit im Alltag, gesellschaftliche Teilhabe und eine Verbesserung seiner Lebensqualität zu ermöglichen.

HCT: Hydrochlorothiazid, harntreibende Substanz (Diuretikum)

Ischämie: Eine Ischämie [ɪsçɛˈmiː] (von altgriechisch ἴσχειν/ἔχειν is-chein/echein „zurückhalten" sowie αἷμα haima „Blut") ist eine Minderdurchblutung oder ein vollständiger Durchblutungsausfall eines Gewebes (bzw. eines ganzen Organs). Die Ursache einer Ischämie ist meist eine Veränderung von Blutgefäßen in Form einer Verengung oder eines Verschlusses. Eine Verengung oder ein Verschluss kann beispielsweise bei Thrombose oder Embolie auftreten. Die Verengung nennt man Stenose, beispielsweise bei Arteriosklerose und Arterieller Verschlusskrankheit (AVK). Es kann auch zu funktionell bedingten Verengungen kommen, so beim Raynaud-Syndrom oder auch als physiologische Reaktion im Kreislaufschock. *(Zitat: http://de.wikipedia.org/wiki/Isch%C3%A4mie; 22.1.2014)*

LKH: Landeskrankenhaus

Logopädie („Sprecherziehung"): Die Logopädie beschäftigt sich in Theorie und Praxis mit Prävention, Beratung, Diagnostik, Therapie und Rehabilitation, Lehre und Forschung auf den Gebieten der Stimme, Stimmstörungen und Stimmtherapie, des Sprechens, der Sprechstörung und Sprechtherapie, der Sprache,

Sprachstörung und Sprachtherapie sowie des Schluckens, Schluckstörung und Schlucktherapie.

MOHI: Mobiler Hilfsdienst

MRI: Magnetic Resonance Imaging, bildgebendes Verfahren zur Darstellung der Gewebestrukturen im Körperinneren, siehe Magnetresonanztomographie MRT

MRT: Magnetresonanztomographie, bildgebendes Verfahren, unter anderem in der Medizintechnik (auch: Kernspintomographie)

Nystagmus: Bezeichnet die unkontrollierbaren, rhythmischen Bewegungen eines Organs, üblicherweise jedoch der Augen, sodass unter Nystagmus in der Regel ein Augenzittern verstanden wird. Er kommt physiologisch vor, aber auch pathologisch, z.B. als typisches Symptom des Schwindels. Grundsätzlich wird ein krankhafter Nystagmus unterschieden in einen „Rucknystagmus", der eine schnelle Initial- und eine langsame Rückstellbewegung aufweist, sowie einen „Pendelnystagmus" ohne erkennbare Geschwindigkeitsunterschiede in der Hin- und Herbewegung. Mit Frequenz und Amplitude werden zudem die Häufigkeit und das Ausmaß des Ausschlags beschrieben. Schlagrichtung und Ausprägung können in Abhängigkeit von der aktuellen Blickrichtung variieren. Am häufigsten sind horizontale Schlagmuster, jedoch kommen auch vertikale und rotatorische Formen vor.

Optometrie: Lehre der Messungen und Bewertungen von Sehfunktionen. Sie beschreibt allgemein ein Tätigkeitsfeld, welches sich mit der Korrektur von Fehlsichtigkeit beschäftigt. Sie umfasst die biologische und physikalische Optik und stellt eine Ergänzung zur „monokularen" Augenoptik dar, da sie sich mit „binokularen" Störungen auseinandersetzt.

Physiotherapie: Ist eine Form der äußerlichen Anwendung von Heilmitteln, mit der v. a. die Bewegungs- und Funktionsfähigkeit des menschlichen Körpers wiederhergestellt, verbessert oder erhalten werden sollen. Die Behandlungen werden von Physiotherapeuten durchgeführt. Physiotherapeut ist kein eigenständiger Heilberuf, sondern gehört zu den Gesundheitsfachberufen. Die medizinische Notwendigkeit wird ausschließlich durch Ärzte festgestellt und auf Rezept verordnet, außer bei präventiven Maßnahmen.

Pons: Der Pons (lateinisch für „Brücke") ist ein Abschnitt des Gehirns. Er gehört, zusammen mit dem Kleinhirn, zum Metencephalon (Hinterhirn). An einem Gehirn fällt die Brücke bereits bei flüchtiger Betrachtung als deutlich erhabener Querwulst zwischen Mesencephalon (Mittelhirn) und Myelencephalon (Nachhirn) auf. Zusammen mit Mesencephalon und Myelencephalon bildet sie den Hirnstamm. Die Brücke ist Durchgangsstation für alle Nervenfasern zwischen den vorderen und dahinterliegenden Abschnitten des Zentralnervensystems. Neben diesen Fasersträngen (weiße Substanz) liegen in der Brücke einige Ansammlungen von Nervenzellkörpern, die Brückenkerne (Nuclei pontis). Sie sind Umschaltstation der Verbindungen zwischen Großhirn und Kleinhirn, die im Bereich der Brücke von links nach rechts bzw. von rechts nach links kreuzen.

(Zitat: http://de.wikipedia.org/wiki/Pons; 17.1.2014)

SMO: Sozialmedizinische Organisation

TCM: Traditionelle chinesische Medizin

Illustrationen:

Gerhard Mangold ist ein Künstler mit einer besonderen Biographie. 1952 geboren verschreibt er sich vor Jahrzehnten der Malerei und der Zeichnung, Ergebnis seines Schaffensdranges ist ein umfangreiches Oeuvre an Aquarellen und Zeichnungen. Ein wichtiges Motiv sind für ihn die Menschen in ihrer Gesamtheit, aber auch deren Individualität. Gerhard Mangold zeichnet für die Illustrationen in diesem Buch verantwortlich.

Wir danken folgenden Sponsoren: